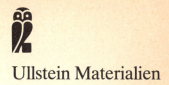

Ullstein Materialien

Ullstein Materialien
Ullstein Buch Nr. 35094
im Verlag Ullstein GmbH,
Frankfurt/M – Berlin – Wien
Die amerikanische Originalausgabe
erschien 1959 bei Harper and Brothers
(New York) unter dem Titel »Sigmund
Freud's Mission.
An Analysis of his Personality and
Influence«, als Band 21 der ›World
Perspectives‹ geplant und herausgegeben
von Ruth Nanda Anshen.
Die deutsche Erstausgabe erschien 1961
als Taschenbuch im Verlag Ullstein
GmbH, Frankfurt und Berlin,
als Band 9 der ›Weltperspektiven‹ unter
dem Titel »Sigmund Freuds Sendung.
Persönlichkeit, geschichtlicher Standort
und Wirkung«, übersetzt von A.R.L.
Gurland.
Die vorliegende Neufassung des deutschen
Textes auf der Basis der Übersetzung von
A.R.L. Gurland wurde für die Gesamt-
ausgabe der Werke Erich Fromms bei der
Deutschen Verlags-Anstalt, Stuttgart, von
Renate Oetker-Funk und Christiane von
Wahlert besorgt.

Umschlagentwurf:
Kurt Weidemann
Alle Rechte vorbehalten
Copyright © 1959 by Erich Fromm
© der deutschen Taschenbuchausgabe
1961 by Verlag Ullstein GmbH,
Frankfurt/M – Berlin – Wien
Printed in Germany 1981
Gesamtherstellung: Mohndruck
Graphische Betriebe GmbH, Gütersloh
ISBN 3 548 35094 1

April 1981

CIP-Kurztitelaufnahme
der Deutschen Bibliothek

Fromm, Erich:
Sigmund Freud: seine Persönlichkeit
u. seine Wirkung / Erich Fromm.
[Die vorliegende Neufassung d. dt. Textes
auf d. Basis d. Übers. von
A. R. L. Curland wurde von Renate
Oetker-Funk u. Christiane von Wahlert
besorgt]. – Frankfurt (M); Berlin;
Wien: Ullstein, 1981.
    (Ullstein-Buch; Nr. 35094:
    Ullstein-Materialien)
    Einheitssacht.: Sigmund Freud's
    mission ‹dt.›. Frühere Ausg. u. d. T.:
    Fromm, Erich: Sigmund Freuds Sendung
    ISBN 3-548-35094-1
NE: GT

Erich Fromm

Sigmund Freud

Seine Persönlichkeit
und seine Wirkung

Ullstein Materialien

Inhalt

1 Freuds leidenschaftliche Suche nach Wahrheit und sein Mut	7
2 Freuds Verhältnis zu seiner Mutter – sein Selbstvertrauen und seine Unsicherheit	17
3 Freuds Beziehung zu Frauen: Freud und die Liebe	23
4 Freuds Abhängigkeit von Männern	39
5 Freuds Beziehung zu seinem Vater	53
6 Freuds autoritäre Einstellung	59
7 Freud als Weltverbesserer	65
8 Der quasi-politische Charakter der psychoanalytischen Bewegung	79
9 Freuds religiöse und politische Überzeugungen	89
10 Zusammenfassung und Schlußfolgerungen	97
Ruth Nanda Anshen: Was die »Weltperspektiven« wollen	111
Literaturverzeichnis	117
Register	119

1 Freuds leidenschaftliche Suche nach Wahrheit und sein Mut

Die Psychoanalyse war, wie Freud selbst gern betonte, *seine* Schöpfung. Ihre großen Errungenschaften, aber auch ihre Mängel tragen den Stempel der Persönlichkeit ihres Begründers. Zweifellos ist daher der Ursprung der Psychoanalyse in Freuds Persönlichkeit zu suchen.

Was für ein Mensch war Sigmund Freud? Was waren die treibenden Kräfte, die ihn in seiner besonderen Art handeln, denken und fühlen ließen? War er, wie ihn seine Gegner sahen, ein dekadenter Wiener, verwurzelt in der sinnlichen und disziplinlosen Atmosphäre, die gemeinhin als typisch wienerisch gilt – oder war er, wie seine getreuesten Anhänger behaupten, der große Meister, ohne persönliche Schwächen, furchtlos und unnachgiebig in seiner Suche nach Wahrheit, liebevoll der Familie zugetan, gütig zu seinen Schülern und gerecht allen Feinden gegenüber, ohne Eitelkeit und Selbstsucht? Will man Freuds komplexe Persönlichkeit und die Wirkung dieser Persönlichkeit auf die Struktur der Psychoanalyse erfassen, so kommt man weder mit Verunglimpfung noch mit Heldenverehrung ans Ziel. Dieselbe Objektivität, die Freud als eine entscheidende Voraussetzung für die Analyse seiner Patienten entdeckte, ist notwendig, wenn wir uns ein Bild zu machen versuchen, wer er war und was ihn motivierte.

Die auffallendste und wahrscheinlich stärkste emotionale Kraft in Freud war *seine Leidenschaft für Wahrheit und sein kompromißloser Glaube an die Vernunft.* Für ihn war die Vernunft die einzige menschliche Fähigkeit, die dazu beitragen kann, das Problem der Existenz zu lösen oder zumindest das dem menschlichen Leben innewohnende Leid zu lindern.

Freud sah in der Vernunft das alleinige Werkzeug – oder die einzige Waffe – die wir besitzen, um das Leben sinnvoll zu machen, uns von Illusionen zu befreien (zu ihnen zählen nach

8 Erich Fromm: Sigmund Freud

Freud auch die religiösen Glaubensvorstellungen), unabhängig von fesselnden Autoritäten zu werden und so unsere eigene Autorität aufzurichten. Immer wenn er in der Komplexität und Vielfalt der wahrnehmbaren Erscheinungen eine theoretische Wahrheit erkannte, dann war dieser Glaube an die Vernunft die Grundlage seiner unermüdlichen Suche nach der Wahrheit. Es störte Freud nicht, wenn seine Ergebnisse vom Standpunkt des gesunden Menschenverstandes aus gesehen absurd erschienen. Im Gegenteil – das Lachen der Menge, deren Denken vom Wunsch nach Bequemlichkeit und nach ungestörtem Schlaf bestimmt war, umriß für ihn nur noch schärfer den Unterschied zwischen Überzeugung und bloßer Meinung, Vernunft und gesundem Menschenverstand, Wahrheit und Rationalisierung.

Mit seinem unerschütterlichen Glauben an die Macht der Vernunft war Freud ein Kind des Zeitalters der Aufklärung. Ihre Devise *Sapere aude!* – »Wage zu wissen!« prägte Freuds Persönlichkeit und sein gesamtes Werk. Entstanden war dieser Glaube in der Emanzipation des westlichen Bürgertums von den Fesseln und dem Aberglauben der feudalen Gesellschaft. Spinoza und Kant, Rousseau und Voltaire hatten, so verschieden ihre philosophischen Lehren auch sein mochten, diesen leidenschaftlichen Glauben an die Vernunft geteilt; sie alle waren im Kampf für eine neue, wahrhaft aufgeklärte, freie und humane Welt verbunden. Dieser Geist lebte weiter im west- und mitteleuropäischen Bürgertum des 19. Jahrhunderts, vor allem unter den Studenten, die sich dem Fortschritt der Naturwissenschaften hingaben. Erst recht verstärkte Freuds jüdische Herkunft seine Verbundenheit mit dem Geist der Aufklärung.[*] Die jüdische Tradition selbst war eine Tradition der Vernunft und der intellektuellen Disziplin; überdies hatte eine in gewissem Sinn mißachtete Minderheit ein starkes emotionales Interesse daran, die Mächte der Finsternis, der Irrationalität und

---

[*]Dies wird auch in der ausgezeichneten Freud-Biographie von Helen Walker Puner (1943) betont. Ihr Buch ist eine höchst treffende Biographie Freuds. In manchen wichtigen Fragen – besonders was Freuds Haltung zu seiner jüdischen Herkunft und den quasi-religiösen Charakter der psychoanalytischen Bewegung an-

Freuds Suche nach Wahrheit und sein Mut   9

des Aberglaubens zu bekämpfen, die ihr den Weg zu ihrer Emanzipation und zum Fortschritt versperrten.

Neben diesem allgemeinen Trend in der europäischen Intelligenz des späten 19. Jahrhunderts gab es besondere Umstände in Freuds Leben, die seine Neigung verstärkten, auf die Vernunft und nicht auf die öffentliche Meinung zu bauen.

Ganz im Gegensatz zu allen westlichen Großmächten war die österreichisch-ungarische Doppelmonarchie zu Freuds Lebzeiten ein zerfallendes Gebilde. Sie hatte keine Zukunft vor sich. Mehr als alles andere hielt die Macht der Trägheit die einzelnen Teile der Monarchie zusammen, trotz der Tatsache, daß ihre nationalen Minderheiten verzweifelt um ihre Unabhängigkeit kämpften. Dieser Zustand eines politischen Verfalls und politischer Auflösungserscheinungen war dazu geeignet, in einem intelligenten Jungen Verdacht zu erwecken und seinen fragenden Verstand zu schärfen. Die Diskrepanz zwischen der offiziellen Ideologie und den *Tatsachen* der politischen Realität mußte das Vertrauen in die Gültigkeit von Worten, Parolen und autoritativen Erklärungen schwächen und kritisches Denkvermögen fördern. In Freuds speziellem Fall muß noch ein weiterer Unsicherheitsfaktor diese Entwicklung gefördert haben: Freuds Vater, ein wohlhabender kleiner Fabrikant in Freiberg (Příbor) im nördlichen Mähren, mußte seinen Betrieb wegen der Veränderungen in der ganzen österreichischen Wirtschaft, die auch Freiberg trafen und verarmen ließen, aufgeben. Der Knabe Freud lernte in jungen Jahren durch drastische Erfahrungen, daß nicht nur auf die politische, sondern auch auf die soziale Stabilität kein Verlaß war, daß weder Tradition noch hergebrachte Ordnung Sicherheit boten und Vertrauen verdienten. Zu welchem anderen Ergebnis konnten solche Erlebnisse einen ungewöhnlich begabten Jungen bringen als dazu, sich nur noch auf sich selbst und auf die Vernunft zu verlassen? Anderen Waffen war nicht zu trauen.

Gewiß gab es viele andere Jungen, die unter denselben Um-

---

geht – stimmen meine Ergebnisse mit ihr weitgehend überein. Eine tiefgründige Analyse der Beziehung Freuds zum Judentum findet sich bei Ernst Simon, 1957. Professor Simon bin ich im übrigen für die freundliche Durchsicht des Manuskripts und für manche kritische Anregung zu Dank verpflichtet.

ständen aufwuchsen, und die keine Freuds wurden und die keine derartige Leidenschaft für Wahrheit entwickelten. Es muß in Freuds Persönlichkeit besondere, nur ihm eigene Elemente gegeben haben, die für die außerordentliche Intensität dieser Qualität verantwortlich waren. Welches waren diese Elemente?

Zweifellos müssen wir zunächst die überdurchschnittliche intellektuelle Begabung und Vitalität erwähnen, die zu Freuds Konstitution gehörte. Diese außerordentliche intellektuelle Begabung, verbunden mit dem Klima der Aufklärungsphilosophie, die Zerrüttung des herkömmlichen Zutrauens zu Worten und Ideologien: dies alles mag schon hinreichend erklären, warum sich Freud an die Vernunft hielt. Es mag andere, rein persönliche Faktoren geben, so zum Beispiel Freuds Wunsch nach Prominenz, die zu seinem Vertrauen auf die Vernunft geführt haben können, da ihm keine andere Macht, sei es Geld, soziales Prestige oder physische Kraft zur Verfügung stand. Suchen wir aber nach noch persönlicheren Elementen in Freuds Charakter, die seine leidenschaftliche Suche nach Wahrheit erklären können, so stoßen wir auf ein negatives Element in seinem Charakter: sein Mangel an emotionaler Wärme und menschlicher Nähe, an Liebe und darüber hinaus an Lebensfreude. Das mag, wenn vom Entdecker des »Lustprinzips« und vom vermeintlichen Protagonisten sexueller Lust die Rede ist, erstaunlich klingen; indes sprechen die Tatsachen eine zu laute Sprache, als daß sie Zweifel hinterlassen könnten. Später werde ich zur Bekräftigung dieser Aussage Beweise anführen; hier sei vorerst nur festgestellt: ein Knabe, den es so sehr nach Ruhm und Anerkennung verlangte wie Sigmund Freud und der eine so geringe Lebensfreude besaß, hatte bei seiner Begabung, in seinem kulturellen Klima, und angesichts der besonderen europäischen, österreichischen und jüdischen Faktoren in seiner Umgebung keine andere Möglichkeit, seine Wünsche zu erfüllen, als indem er sich dem Abenteuer des Erkennens verschrieb. Andere Persönlichkeitselemente mögen dazu beigetragen haben: Freud war ein sehr unsicherer Mensch, er fühlte sich leicht bedroht, verfolgt, verraten, und hatte daher, wie nicht anders zu erwarten, ein großes Verlangen nach Gewißheit. In Anbetracht seiner ganzen Persönlichkeit konnte es für ihn keine Gewißheit in der Liebe geben – Gewißheit gab es nur in der Erkenntnis, und er mußte die Welt intellektuell erobern, um vom Zweifel und vom Gefühl des Versagens loszukommen.

Ernest Jones, der Freuds leidenschaftliches Streben nach Wahrheit als »das tiefste und stärkste Motiv seines Wesens . . . und eben das, welches ihn zu seinen Pionierleistungen vorwärtstrieb«, begreift (E. Jones, 1960-1962, Bd. 2, S. 506), bemüht sich um eine Erklärung im Rahmen der orthodoxen psychoanalytischen Theorie. Danach hat die Wissensbegierde des Kindes »ihren letzten Beweggrund in der infantilen Neugierde, die sich auf die primären Tatsachen des Lebens richtet: die Bedeutung der Geburt und dessen, was zu ihr geführt hat« (a.a.O.). Mir scheint, daß hier eine bedauerliche Verwechslung vorliegt; Neugierde ist nicht dasselbe wie Glaube an die Vernunft. Bei sehr neugierigen Menschen mag sich eine frühzeitige und besonders intensive Sexualneugier nachweisen lassen, doch läßt sich schwerlich sagen, daß damit leidenschaftlicher Durst nach Wahrheit Hand in Hand gehe. Nicht sehr viel überzeugender ist ein anderes Argument, das Jones geltend macht: Freuds Halbbruder Philipp war ein Mann, der gerne scherzte, und in dem Freud den Ehepartner der Mutter vermutete und »den er weinend gebeten hatte, die Mutter nicht wieder zu schwängern« (a.a.O., S. 508), »Konnte man sicher sein, daß ein solcher Mensch, der offensichtlich alle Geheimnisse kannte, darüber die Wahrheit sagen würde? Es wäre eine seltsame Laune des Schicksals, wenn sich erwiese, daß dieser unbedeutende kleine Mann – er soll als Hausierer geendet haben – durch seine bloße Existenz das ausgelöst hätte, was den späteren Freud bewogen, nur sich selbst zu trauen, jedem Impuls, anderen mehr als sich selbst zu glauben, Widerstand zu leisten, und somit den Namen Freuds unsterblich gemacht hätte.« (a.a.O.) Hätte Jones recht, so wäre es in der Tat eine »seltsame Laune des Schicksals«. Ist es aber nicht zu einfach, Freuds Ideen mit der Existenz eines Halbbruders und seiner sexuellen Scherze, denen Freud nicht traute, zu »erklären«?

Wenn wir über Freuds leidenschaftliche Suche nach Wahrheit und Vernunft sprechen, müssen wir schon hier etwas vorwegnehmen, was erst ausgeführt werden kann, wenn wir ein vollständigeres Bild von Freuds Charakter erhalten haben: Für Freud erschöpfte sich Vernunft im *Denken*; Gefühle und Emotionen galten ihm *per se* als irrational und deshalb dem Denken gegenüber als minderwertig. Diese Verachtung von Gefühl und Affekt teilte Freud mit den Philosophen der Aufklärung. Ihnen galt das Denken als der einzige Träger des Fortschritts, und nur im Denken gab es für sie Vernunft. Sie sahen nicht, was Spinoza gesehen hatte: Wie das Denken so können auch Affekte sowohl rational als auch irrational sein, und die volle Entwicklung des Menschen erfordert die rationale Weiterentwicklung *beider*, des Denkens und der Affekte. Sie sahen nicht, daß die Abspaltung des Denkens zum Fühlen sowohl das Denken als auch das Fühlen entstellt, und daß ein Menschenbild, daß auf der Annahme dieser Spaltung [von Denken von Fühlen] basiert, ebenso entstellt ist.

Diese rationalistischen Denker waren überzeugt, daß der Mensch nur die Ursache seines Elends intellektuell zu verstehen braucht, um aus diesem intellektuellen Wissen auch die Macht zu schöpfen, die Umstände zu verändern, die sein Leiden verursachen. Von dieser Haltung war Freud stark beeinflußt, und er hat Jahre gebraucht, um von der Annahme loszukommen, daß das bloß intellektuelle Wissen der Ursachen neurotischer Symptome auch schon deren Heilung mit sich bringt.

Solange nur von Freuds leidenschaftlicher Suche nach Wahrheit die Rede ist, bleibt das Bild unvollständig. Um es zu vervollständigen, müssen wir gleichzeitig eine seiner hervorragendsten Qualitäten erwähnen: seinen *Mut*. Viele Menschen haben potentiell ein leidenschaftliches Streben nach Vernunft und nach Wahrheit. Dieses Potential in die Wirklichkeit umzusetzen, ist aber deswegen so schwer, weil dazu Mut gehört, und dieser Mut ist selten, weil es ein Mut besonderer Art ist. Es geht hier nicht in erster Linie um den Mut, sein Leben, Freiheit und Besitz aufs Spiel zu setzen, obwohl auch dieser Mut selten ist. Wer den Mut hat, ganz der Vernunft zu trauen, nimmt die

Gefahr der Isolierung und des Alleinseins auf sich, und für viele ist diese Gefahr unerträglicher als eine Bedrohung des Lebens. Gerade die Suche nach Wahrheit setzt den Suchenden notwendig dieser Gefahr der Isolation aus. Wahrheit und Vernunft stehen im Gegensatz zum gesunden Menschenverstand und zur öffentlichen Meinung. Die Mehrheit klammert sich an bequeme Rationalisierungen und an Ansichten, die sich aus der oberflächlichen Betrachtung der Dinge herleiten lassen. Die Vernunft dagegen hat die Aufgabe, die Oberfläche zu durchstoßen und bis zum Wesentlichen vorzudringen, das sich unter ihr verbirgt; sie hat die Aufgabe, objektiv, das heißt ohne von den eigenen Wünschen und Ängsten bestimmt zu werden, zu erkennen, welche Kräfte die Welt und die Menschen bewegen. Dazu braucht der Mensch Mut, die Isolierung auszuhalten und den Spott und Hohn derer, die von der Wahrheit gestört werden und den Störenfried hassen. Freud besaß diese Fähigkeit in einem bemerkenswerten Maß. Er lehnte sich gegen seine Isolierung auf, er litt unter ihr, aber er war nie willens oder auch nur geneigt, sich auf den geringsten Kompromiß einzulassen, der die Isolierung möglicherweise erleichtert hätte. Dieser Mut war auch sein größter Stolz. Er bildete sich nicht ein, ein Genie zu sein, aber er schätzte seinen Mut als die hervorstechendste Qualität in seiner Persönlichkeit. Dieser Stolz mag zuweilen einen negativen Einfluß auf seine theoretischen Aussagen gehabt haben. Freud mißtraute jeder theoretischen Formulierung, die als versöhnlich hätte aufgefaßt werden können, und es gab ihm – wie Marx – eine gewisse Befriedigung, manche Dinge zu sagen, um den Bürger vor den Kopf zu stoßen – *pour épater le bourgeois*. Es ist nicht einfach, die Quellen des Mutes auszumachen. War er eine Gabe, mit der Freud zur Welt gekommen war? Inwieweit ist er das Ergebnis seines Gefühls für seine historische Sendung? Inwieweit ist er eine innere Stärke, die mit seiner Position als unanfechtbarer Lieblingssohn seiner Mutter zusammenhängt? Aller Wahrscheinlichkeit nach haben alle drei Quellen zur Freuds ungewöhnlichem Mut beigetragen. Darüber werden wir mehr erfahren, wenn wir in seinen Charakter einen tieferen Einblick gewonnen haben.

2 Freuds Verhältnis zu seiner Mutter – sein Selbstvertrauen und seine Unsicherheit

Will man die nicht-konstitutionellen Faktoren verstehen, die die charakterliche Entwicklung eines Menschen bestimmen, so muß man mit der Beziehung zur Mutter beginnen. Über diese Beziehung wissen wir bei Freud verhältnismäßig wenig. Aber die Tatsache, daß Freuds Mitteilungen über seine Mutter in seinen autobiographischen Versuchen sehr spärlich sind, ist in sich selbst bedeutsam. Nur zwei von über dreißig eigenen Träumen, die er in der *Traumdeutung* wiedergibt, handeln von der Mutter. Da Freud viel und ausgiebig träumte, darf man annehmen, daß er nicht wenige Träume über seine Mutter für sich behalten hat. Die beiden veröffentlichten Träume drücken eine intensive Bindung an sie aus. Einen davon, den Traum »von den drei Parzen«, schildert Freud folgendermaßen:

> »Ich gehe in eine Küche, um mir Mehlspeise geben zu lassen. Dort stehen drei Frauen, von denen eine die Wirtin ist und etwas in der Hand dreht, als ob sie Knödel machen würde. Sie antwortet, daß ich warten soll, bis sie fertig ist (nicht deutlich als Rede). Ich werde ungeduldig und gehe beleidigt weg. Ich ziehe einen Überrock an; der erste, den ich versuche, ist mir aber zu lang. Ich ziehe ihn wieder aus, etwas überrascht, daß er Pelzbesatz hat. Ein zweiter, den ich anziehe, hat einen langen Streifen mit türkischer Zeichnung eingesetzt. Ein Fremder mit langem Gesicht und kurzem Spitzbart kommt hinzu und hindert mich am Anziehen, indem er ihn für den seinen erklärt. Ich zeige ihm nun, daß er über und über türkisch bestickt ist. Er fragt: Was gehen Sie die türkischen (Zeichnungen, Streifen . . .) an? Wir sind aber dann ganz freundlich miteinander.« (S. Freud, 1900a, S. 210.)

Deutlich ist in diesem Traum der Wunsch, von der Mutter gefüttert zu werden. (Daß die »Wirtin« – wie wahrscheinlich alle drei Frauen des Traums – die Mutter darstellt, ergibt sich unzweideutig aus Freuds eigenen Assoziationen zu diesem Traum.) Was besonders auffällt, ist die Ungeduld des Träumenden. Da ihm bedeutet wird, er müsse warten, geht er »beleidigt« von dannen. Der Traum jedoch bricht nicht ab: er zieht einen Mantel mit Pelzbesatz an, der ihm zu lang ist, dann einen, der jemand anderem gehört. Wir sehen in diesem Traum die typische Reaktion eines Jungen, der von seiner Mutter vorgezogen wird: Er besteht darauf, von der Mutter gefüttert zu werden (was symbolisch ausdrückt, daß er versorgt, geliebt, geschützt, bewundert werden will); er ist ungeduldig und wütend darüber, daß er nicht sofort »gefüttert« wird, denn er fühlt sich berechtigt, sofortige Beachtung und ungeteilte Aufmerksamkeit zu verlangen. Seine Wut läßt ihn weggehen, aber dabei maßt er sich sogleich die Rolle des großen Mannes, des Vaters, an: der Mantel ist zu lang und gehört einem Fremden.

Der zweite Traum, der mit der Mutter zu tun hat, stammt aus Freuds siebentem oder achtem Lebensjahr. Noch dreißig Jahre später erinnert er sich daran: Der Traum »war sehr lebhaft und zeigte mir die geliebte Mutter mit eigentümlich ruhigem, schlafendem Gesichtsausdruck, die von zwei (oder drei) Personen mit Vogelschnäbeln ins Zimmer getragen und aufs Bett gelegt wird« (S. Freud, 1900a, S. 589). Freuds Erinnerung sagt, er sei »weinend und schreiend« aufgewacht – ein verständlicher Angstausbruch, da er ja vom Tode der Mutter geträumt hatte. Daß der Traum nach drei Jahrzehnten nicht verblaßt war, unterstreicht seine Bedeutung.

Nimmt man beide Träume zusammen, so sieht man ein Kind, das von der Mutter mit Bestimmtheit die Erfüllung all seiner Wünsche erwartet und bei dem Gedanken, daß sie sterben könnte, zutiefst erschrocken ist. Daß Freud nur diese zwei Träume von der Mutter mitgeteilt hat, ist psychoanalytisch aufschlußreich und bestätigt Jones' Annahme, »daß es in Freuds frühester Kindheit außerordentlich starke Beweggründe gegeben hat, eine wichtige Phase seiner Entwicklung

Freuds Verhältnis zu seiner Mutter 17

zu verbergen – vielleicht vor ihm selbst. Ich möchte die Hypo-
these wagen, es handle sich um die tiefe Liebe zu seiner Mutter.« (E. Jones, 1960-1962, Bd. 2, S. 479.) In dieselbe Richtung
weisen andere Tatsachen, die wir aus Freuds Leben kennen.
Daß er auf den elf Monate jüngeren Bruder Julius maßlos ei-
fersüchtig war und die zweieinhalb Jahre jüngere Schwester
Anna nie gemocht hat, braucht allein noch nicht viel zu besagen. Es gibt aber genauere und stichhaltigere Fakten. Am deutlichsten zeigt sich seine Stellung als Lieblingssohn an einem
Vorfall, der sich ereignete, als seine Schwester etwa acht Jahre
alt war. »Ihre sehr musikalische Mutter begann, ihr Klavierun-
terricht zu erteilen; aber das Klavierspiel störte den jungen
Schüler, obgleich sein ›Kabinett‹ etwas abseits lag, so sehr,
daß er verlangte, das Instrument müsse fort; es wurde tatsächlich weggeschafft. So kam es, daß sowohl Freuds Geschwister
wie später seine Kinder ohne jede musikalische Ausbildung
aufwuchsen.« (E. Jones, 1960-1962, Bd. 1, S. 37.) Es ist nicht
schwierig, sich die Position vorzustellen, die der zehn Jahre
alte Junge bei seiner Mutter erreicht hatte, wenn er die musikalische Erziehung seiner Familie verhindern konnte, nur weil er
das »Geräusch« der Musik nicht leiden konnte.[*]

Die tiefe Zuneigung zur Mutter hat ihre Spuren auch in
Freuds späterem Leben hinterlassen. Der vielbeschäftigte
Arzt, der sich außer für seine Tarockrunde und seine Kollegen
kaum für jemanden – auch nicht für seine Frau – Zeit nahm,
besuchte die Mutter sein Leben lang, auch noch als alter
Mann, jeden Sonntagmorgen, und jeden Sonntagabend war
die Mutter bei Freuds zu Tisch.

Diese Bindung an die Mutter und die Rolle des bewunderten Lieblingssohnes hat eine wichtige Bedeutung für die Entwicklung seines Charakters, die Freud selbst sah und in einem
wahrscheinlich autobiographischen Sinn formulierte:

---

[*]Für die idolisierende und unanalytische Betrachtungsweise der Biographie Jones' ist es ein charakteristisches Beispiel, daß er diesen Vorfall als eine Illustra-
tion dessen begreift, »wie ernst die Familie Freuds Studium nahm« (a.a.O.). Man
kann dies natürlich so sehen, nur ist es die konventionelle Sicht des gesunden
Menschenverstandes, keine analytische, dynamische Sicht.

»Wenn man der unbestrittene Liebling der Mutter gewesen ist, so behält man fürs Leben jenes Eroberergefühl, jene Zuversicht des Erfolges, welche nicht selten wirklich den Erfolg nach sich zieht.« (S. Freud, 1917b, S. 26.) Mutterliebe ist ihrem Wesen nach bedingungslos. Anders als der Vater liebt die Mutter das Kind, nicht *weil* es das verdient oder weil es etwas Liebenswertes tut, sondern *weil* es *ihr* Kind ist. Ebenso bedingungslos ist die Bewunderung der Mutter für ihren Sohn. Sie betet den Sohn an, nicht weil er dies oder jenes tut, sondern weil er *da ist* und weil er *ihr* gehört. Noch intensiver tritt das zutage, wenn es sich um das Lieblingskind der Mutter handelt und wenn sie selbst an Vitalität und Vorstellungsvermögen dem Vater überlegen ist und in der Familie den Ton angibt: so war es offenbar in Freuds Elternhaus. (Vgl. E. Simon, 1957, S. 272.) Wer als Kind von der Mutter bewundert wird, bekommt leicht die Erfolgs- und Siegeszuversicht, von der Freud spricht, und braucht sie nicht erst zu erwerben; sie ist von vornherein da und über jeden Zweifel erhaben. Ein solches Selbstvertrauen versteht sich gleichsam von selbst; es fordert Achtung und Bewunderung von anderen und vermittelt den Eindruck, überlegen zu sein und nicht zum Durchschnitt zu gehören. Natürlich kommt dies von der Mutter geprägte souveräne Selbstvertrauen ebenso bei überdurchschnittlich begabten wie bei weniger begabten Menschen vor. Bei wenig Begabten folgt aus ihm häufig ein tragikomisches Mißverhältnis zwischen Ansprüchen und Gaben; bei überdurchschnittlich Begabten ist es ein Ansporn, die natürlichen Talente und Begabungen zu entwickeln. Daß Freud mit diesem besonderen Selbstvertrauen gesegnet war und daß es aus seiner Bindung an die Mutter herrührte, ist auch Jones' Meinung: »Dieses Selbstvertrauen, das eines seiner Hauptmerkmale war, wurde nur selten erschüttert; er führt es zweifellos mit Recht auf das Gefühl der Sicherheit zurück, das die Liebe seiner Mutter ihm schenkte.« (E. Jones, 1960-1962, Bd. 1, S. 22.)

Die außergewöhnliche Intensität seiner Mutterbindung hat Freud nicht nur vor anderen verborgen, sondern allem Anschein nach auch vor sich selbst. Sie ist aber der Schlüssel nicht

Freuds Verhältnis zu seiner Mutter   19

nur zu seinem Charakter, sondern auch zur Beurteilung einer seiner grundlegenden Entdeckungen: dessen, was er den Ödipuskomplex genannt hat. Die Wurzel der Bindung des Sohnes an die Mutter sah Freud – durchaus rationalistisch – in der sexuellen Anziehung der Frau, mit der der kleine Junge den meisten und intimsten Umgang hat. Denkt man daran, wie stark Freud selbst an seine Mutter gebunden war und wie sehr er dazu neigte, diese Bindung zu verdrängen, so kann man verstehen, warum er eine der mächtigsten menschlichen Strebungen, die Sehnsucht nach der Fürsorge, dem Schutz, der allumfassenden Liebe der Mutter und nach Bestätigung durch sie, in einem äußerst eingeengten Sinn deutete: als das eher begrenzte Verlangen des kleinen Jungen danach, daß die Mutter seine triebhaften Bedürfnisse befriedige. Freud hat eine der entscheidenden menschlichen Strebungen entdeckt: den Wunsch, an die Mutter – also an den Mutterschoß, die Natur, das vorindividuelle, vorbewußte Sein – gebunden zu bleiben; aber indem er den Geltungsbereich dieser Entdeckung auf den kleinen Sektor der triebhaften Wünsche reduzierte, hat er sie selbst negiert. Die Basis der Entdeckung war seine eigene intensive Mutterbindung, und sein Widerstand, diese Bindung zu sehen, war der Grund für die Einschränkung und Einstellung dieser Entdeckung.*

Gewiß gehen von jeder Mutterbindung, auch von der glücklichsten, die unerschütterliches Vertrauen zur mütterlichen Liebe mit sich bringt, nicht nur positive Wirkungen aus: Das große Selbstvertrauen des bevorzugten Kindes ist nicht ihr einziges Werk; ihre negativen Wirkungen zeigen sich in einem Gefühl von Abhängigkeit und in Depressionen, wenn die beflügelnde Erfahrung bedingungsloser Liebe nicht fortdauert. In Freuds Charakterstruktur – und in der Struktur seiner Neu-

---

*Interessanterweise war auch Freuds großer Vorgänger in der Entdeckung der Macht, die die Bindung an die Mutter ausübt, Johann Jakob Bachofen (1815-1887), stark an die eigene Mutter gebunden. (Er heiratete erst nach dem Tod der Mutter, als er etwa vierzig Jahre alt war.) Aber er versuchte nicht, die Macht dieser emotionalen Bindung herunterzuspielen, sondern hat im Gegenteil ihre Bedeutung in seiner Theorie des Matriarchats enthüllt.

rose – scheinen diese Abhängigkeit und Unsicherheit eine zentrale Stellung einzunehmen.

Einen sichtbaren Ausdruck fand Freuds Unsicherheit in der für den oral-rezeptiven Menschen charakteristischen Angst vor Hunger und Armut. Da die Sicherheit des rezeptiven Menschen auf der Überzeugung beruht, daß er von der Mutter ernährt, gehegt, geliebt und bewundert wird, kreisen seine Ängste um die Gefahr des Ausbleibens dieser Liebe.

In einem Brief an Wilhelm Fließ vom 21. Dezember 1899 schreibt Freud: »Meine Phobie . . . war eine Verarmungsphantasie oder besser eine Hungerphobie, von meiner infantilen Gefräßigkeit abhängig und durch die Mitgiftlosigkeit meiner Frau (auf die ich stolz bin) hervorgerufen.« (S. Freud, 1950, S. 327.) Von neuem klingt das Thema in einem Brief an Fließ vom 7. Mai 1900 an: »Ich bin . . . im allgemeinen – bis auf einen schwachen Punkt: der Angst vor der Not – zu verständig zu klagen und befinde mich auch sonst zu wohl dafür . . .« (a.a.O., S. 340).

Explosiv kam die Verarmungsangst in einem der dramatischsten Augenblicke in Freuds Leben zum Durchbruch. Als Freud 1910 seine Wiener Kollegen – hauptsächlich Juden – davon zu überzeugen versuchte, die Führung durch die Züricher – meist nicht-jüdische – Analytiker zu akzeptieren, und die Wiener seinem Vorschlag nicht zustimmen wollten, erklärte er: »Meine Feinde wären froh, mich verhungern zu sehen; sie würden mir am liebsten den Rock vom Leibe reißen.« (E. Jones, 1960-1962, Bd. 2, S. 91.) Natürlich war dies eine rhetorische Floskel, dazu bestimmt, die zögernden Wiener mitzureißen; aber die Wahl dieser Floskel, die mit den Tatsachen wenig zu tun hatte, läßt sich nur als Symptom der Hunger- und Verarmungsangst verstehen, von der in den Briefen an Fließ die Rede ist.

Freuds Unsicherheit äußerte sich auch noch anders. Am auffälligsten waren die Ängste, die sich auf Eisenbahnreisen bezogen. Freud wollte unbedingt immer, um sicherzugehen, eine Stunde vor Abfahrt des Zuges am Bahnhof sein. Was solche Symptome besagen, kann man nur erkennen, wenn man ihren symbolischen Sinn versteht. Oft ist Reisen ein Symbol dafür, die Sicherheit der Mutter und des elterlichen Heims zu verlassen, selbständig zu sein und sich von seinen Wurzeln loszureißen. Menschen, die stark an die Mutter gebunden sind, geht es häufig so, daß sie Reisen oft als gefährlich erleben, als ein Unternehmen, das besondere Sicherheitsvorkehrungen erfordert. Aus demselben Grund vermied es Freud, allein zu reisen. Auf seinen großen Reisen in den Sommerferien hatte er immer eine Begleitung bei sich, auf die er sich verlassen konnte: meistens einen seiner vertrautesten Schüler, manchmal die Schwester seiner Frau. Zum gleichen Muster der Angst vor Entwurzelung paßt es ebenfalls, daß Freud seit den Anfängen seiner Ehe bis zum Tag seiner erzwungenen Emigration aus Österreich in derselben Wohnung in der Wiener Berggasse wohnte. Wir werden später noch sehen, wie sich diese Abhängigkeit von seiner Mutter in der Beziehung zu seiner Frau, zu älteren und gleichaltrigen Männern und zu Schülern manifestierte; auf sie übertrug er das gleiche Bedürfnis nach bedingungsloser Liebe, Bestätigung, Bewunderung und Schutz.

3 Freuds Beziehung zu Frauen: Freud und die Liebe

Daß Freuds Abhängigkeit von einer Mutterfigur auch seine Beziehungen zu seiner Frau beherrschte, ist nicht verwunderlich. Sehr bezeichnend für diese Beziehung ist der auffallende Unterschied in Freuds Verhalten vor der Heirat und danach. Während der Jahre der Verlobungszeit war Freud ein glühender, leidenschaftlicher und überaus eifersüchtiger Liebhaber. Ein Zitat aus einem Brief an Martha vom 2. Juni 1884 ist ein charakteristischer Ausdruck für die Glut seiner Liebe: »Wehe, Prinzeßchen, wenn ich komme. Ich küsse Dich ganz rot und füttere Dich ganz dick, und wenn Du unartig bist, wirst Du sehen, wer stärker ist, ein kleines sanftes Mädchen, das nicht ißt, oder ein großer wilder Mann, der Kokain im Leibe hat.« (E. Jones, 1960-1962, Bd. 2, S. 109.)

Die scherzhafte Kraftprobe – »wer stärker ist« – hatte eine sehr ernste Bedeutung. In den Jahren der Verlobungszeit war Freud von dem leidenschaftlichen Wunsch besessen, Martha völlig zu beherrschen, und selbstverständlich verband sich dieser Wunsch mit einer maßlosen Eifersucht auf alle, denen sie außer ihm Interesse oder Zuneigung entgegenbringen mochte.

Ein Cousin, Max Mayer, war ihr erster Schwarm gewesen, aber nun »kam die Zeit, da Martha von ihm nur noch als Herr Mayer und nicht mehr als Max sprechen durfte« (a.a.O., S. 138.) In bezug auf einen anderen jungen Mann, der in Martha verliebt gewesen war, schrieb Freud 1882: » . . . wenn mir diese Erinnerungen kommen, in denen Du doch eigentlich so wenig belastet erscheinst, verliere ich die Herrschaft über mich, und wenn ich die Macht besäße, die ganze Welt, uns einbegriffen, zu zertrümmern, um sie von neuem spielen zu lassen, auf die Gefahr hin, daß sie nicht wieder mich und Martha hervorbringt, ich täte es unbedenklich.« (a.a.O., S. 143.)

Freuds Eifersucht galt nicht nur jungen Männern, sie bezog

sich nicht minder auf Marthas zärtliche Gefühle für ihre Familie, wobei er auch darauf keine Rücksicht genommen zu haben scheint, daß seine Gebote und Verbote Martha verletzten. »Am meisten kränkte sie seine Zumutung, daß sie nicht nur ihre Mutter und ihren Bruder objektiv kritisieren und alle ›lächerlichen Rücksichten und jedes solche Vorurteil‹ aufgeben solle, was sie alles tat, sondern daß sie sie nicht mehr liebhaben dürfe – mit der Begründung, sie seien seine Feinde und sie müsse seinen Haß gegen sie teilen.« (a.a.O., S. 152.)

Die gleiche Haltung findet man in Freuds Verhalten gegen Marthas älteren Bruder Eli. Martha hatte Eli die Verwaltung eines Geldbetrages überlassen, der zu gegebener Zeit die Ausstattung der ersten Wohnung des Ehepaares Freud finanzieren sollte. Eli hatte dieses Geld anscheinend investiert und zögerte, den ganzen Betrag sofort zurückzugeben. Er schlug vor, daß die Möbel auf Abzahlung gekauft werden sollten. Als Reaktion darauf stellte Freud Martha ein Ultimatum: Seine erste Forderung besagte, Martha habe dem Bruder einen wütenden Brief zu schreiben und ihn einen »Schurken« zu nennen. Auch nachdem Eli das Geld beschafft hatte, war Freud nicht zufriedengestellt. Er forderte, »sie dürfe ihm erst wieder schreiben, wenn sie verspreche, alle Beziehungen zu Eli abzubrechen« (a.a.O., S. 169).

Die Vorstellung, daß es das natürliche Recht des Mannes sei, das Leben seiner Frau zu beherrschen, gehörte zu den Ansichten Freuds über die Überlegenheit des Mannes. Ein typisches Beispiel für diese Haltung ist seine Kritik an John Stuart Mill. Freud lobte Mill: »Er war vielleicht der Mann des Jahrhunderts, der es am besten zustande gebracht hat, sich von der Herrschaft der gewöhnlichen Vorurteile frei zu machen. Dafür – das geht ja immer zusammen – fehlte im der Sinn für das Absurde in manchen Punkten ...« (S. Freud, 1960, S. 73). Was Freud so besonders »absurd« anmutete, war Millis Standpunkt »in der Frage der Frauenemanzipation und in der Frauenfrage überhaupt« (a.a.O.). Mill war der Überzeugung, »daß die Frau in der Ehe so viel erwerben könne wie der Mann« (a.a.O.). Freud sagte daraufhin:

Freuds Beziehung zu Frauen

»Das ist im ganzen ein Punkt bei Mill, in dem man ihn einfach nicht menschlich finden kann ... Es ist auch ein gar zu lebensunfähiger Gedanke, die Frauen genauso in den Kampf ums Dasein zu schicken wie die Männer. Soll ich mir mein zartes liebes Mädchen z. B. als Konkurrenten denken? Das Zusammentreffen würde doch nur damit enden, daß ich ihr, wie vor siebzehn Monaten, sage, daß ich sie liebhabe und daß ich alles aufbiete, sie aus der Konkurrenz in die unbeeinträchtigte stille Tätigkeit meines Hauses zu ziehen ... ich glaube, alle reformatorische Tätigkeit der Gesetzgebung und Erziehung wird an der Tatsache scheitern, daß die Natur lange vor dem Alter, in dem man in unserer Gesellschaft Stellung erworben haben kann, [die Frau] durch Schönheit, Liebreiz und Güte zu etwas anderem bestimmt ... Gesetzgebung und Brauch haben den Frauen viel vorenthaltene Rechte zu geben, aber die Stellung der Frau wird keine andere sein können, als sie ist: in jungen Jahren ein angebetetes Liebchen und in reiferen ein geliebtes Weib. (a.a.O., S. 73-75.)

Freuds Ansichten über die Frauenemanzipation unterschieden sich gewiß in keiner Weise von denen, die unter europäischen Männern in den achtziger Jahren des vorigen Jahrhunderts verbreitet waren. Nur war Freud eben kein Durchschnittsmann des 19. Jahrhunderts: Er rebellierte unnachsichtig gegen einige der tiefstverwurzelten Vorurteile seiner Zeit. Was jedoch die Frauenfrage anging, fielen ihm nur die abgedroschensten Redensarten ein, und Mill war ihm »absurd« und »unmenschlich«, weil er eine Auffassung vertrat, die fünfzig Jahre später fast selbstverständlich werden sollte. Etwas sehr Zwingendes muß Freud dazu gedrängt haben, der Frau eine Position minderen Ranges zuzuweisen. Auch in seinen späteren theoretischen Ansichten spiegelt sich diese Haltung wider. In Frauen nur kastrierte Männer zu sehen, ohne echte eigene Sexualität, stets voller Neid auf den Mann, mit einem schwachentwickelten Über-Ich, eitel und wenig verläßlich: was ist das anderes als eine leicht rationalisierte Variante der patriarchalischen

Vorurteile seiner Zeit? Ein Mann wie Freud, der eine große Fähigkeit besaß, konventionelle Vorurteile zu durchschauen und zu kritisieren, muß von starken Kräften bestimmt gewesen sein, um nicht den rationalisierenden Charakter solcher vorgeblich wissenschaftlicher Aussagen zu sehen. (Vgl. hierzu E. Jones, 1960-1962, Bd. 2, S. 491f.)

Auch noch ein halbes Jahrhundert später hielt Freud an solchen Ansichten fest. So berichtete einer seiner amerikanischen Schüler, Dr. J. Worthis, über ein Gespräch aus den dreißiger Jahren, in dem Freud den, wie er meinte, »matriarchalischen« Charakter der amerikanischen Kultur kritisierte. Worthis wandte ein: »Aber meinen Sie nicht, daß es am besten wäre, wenn beide Partner gleichberechtigt wären?« Worauf Freud erwiderte: »Das ist praktisch eine Unmöglichkeit. *Ungleichheit muß es geben*, und die Überlegenheit des Mannes ist das kleinere Übel.« (J. Worthis, 1954, S. 98; – Hervorhebung E. F.)

Während die Jahre der Verlobung, wie schon gesagt, im Zeichen feuriger Umwerbung und eifersüchtiger Umschmeichelung der Braut gestanden hatten, scheint es in Freuds Eheleben an aktiver Liebe und Leidenschaft erheblich gemangelt zu haben. Die Eroberung war – wie in so vielen konventionellen Ehen – das eigentlich Erregende gewesen; war sie geglückt, so blieb für ein leidenschaftliches Gefühl von Liebe keine starke Quelle übrig. Im Liebeswerben steht der männliche Stolz auf dem Spiel; worin soll er nach der Heirat neue Befriedigung finden? In dieser Art Ehe verbleibt der Frau nur noch eine Funktion: Mutter zu sein. Sie muß dem Mann vorbehaltlos ergeben sein, für sein materielles Wohlergehen sorgen, sich stets seinen Bedürfnissen und Wünschen unterordnen, immer die Frau sein, die nichts für sich beansprucht, die Frau, die wartet, kurzum: die Mutter. So hatte sich Freud vor der Heirat als feuriger Liebhaber gezeigt: Mit der Eroberung des Mädchens, das er erwählt hatte, mußte er seine Männlichkeit beweisen; dann hatte die Ehe die Eroberung besiegelt, und damit war das »angebetete Liebchen« zur liebenden Mutter geworden, auf deren Fürsorge und Liebe man sich verlassen konnte, auch ohne seinerseits aktive, leidenschaftliche Liebe aufzubringen.

Freuds Beziehung zu Frauen

Wie rezeptiv und arm an erotischer Leidenschaft Freuds Liebe zu seiner Frau war, zeigt sich an vielen bemerkenswerten Einzelheiten. Besonders lehrreich sind in dieser Hinsicht seine Briefe an Fließ. In ihnen erwähnt er so gut wie nie seine Frau – außer in rein konventionellen Zusammenhängen. Das ist an sich schon bedeutsam genug, denn in diesen sehr intimen Briefen hat sich Freud sehr ausführlich über seine Gedanken, seine Patienten, seine beruflichen Erfolge und Enttäuschungen verbreitet; noch bedeutsamer ist, daß sich Freud in diesen Briefen häufig in deprimierter Stimmung über die Leere seines Lebens beklagt, das sich ihm nur dann als erfüllt und befriedigend darstellt, wenn seine Arbeit mit Erfolg vonstatten geht. Nicht ein einziges Mal erwähnt er die Beziehung zu seiner Frau als wichtige Quelle von Glück. Das gleiche Bild zeigt sich, wenn man sich vor Augen hält, wie Freud seine Zeit zu Hause und in den Ferien verbrachte: Der Werktag war genau eingeteilt: Sprechstunde von acht Uhr früh bis ein Uhr nachmittags, Mittagessen, Spaziergang allein, erneut Arbeit im Konsultationszimmer von drei bis neun oder zehn Uhr abends, Spaziergang mit Frau, Schwägerin oder einer der Töchter, dann, wenn es keine abendliche Sitzung gab, Briefeschreiben und Arbeit an Manuskripten bis ein Uhr nachts. Besonders gesellig scheinen auch die Mahlzeiten nicht gewesen zu sein: Einiges läßt sich daraus schließen, daß Freud die Gepflogenheiten hatte, »jede antike Neuanschaffung, gewöhnlich eine kleine Statuette, an den Mittagstisch zu bringen, wo sie während des Essens vor seinem Teller aufgestellt blieb. Nachher kam sie wieder auf seinen Schreibtisch und wurde noch ein- oder zweimal zurückgebracht.« (E. Jones, 1960-1962, Bd. 2, S. 461.) Mit einer gewissen Regelmäßigkeit lief auch das Sonntagsprogramm ab: Am Vormittag besuchte Freud seine Mutter, den Nachmittag verbrachte er mit Freunden oder Kollegen aus dem psychoanalytischen Bereich, abends waren Mutter und Schwestern zu Tisch, danach arbeitete er wieder an seinen Manuskripten. (a.a.O., S. 451.) Am Sonntagnachmittag hatte Frau Freud Freunde zu Gast, und Freuds aktive Anteilnahme am Leben seiner Frau äußerte sich darin, daß er, wie Jones berichtet, »für einige Minuten ins Wohnzimmer hineinzuschauen« pflegte, sofern sich unter den Gästen jemand befand, »der Freud interessierte« (a.a.O.).

Viel Zeit nahm sich Freud für sommerliche Ferienreisen. Die Ferienzeit war die sehnlichst erwartete Erholungspause nach den langen Monaten ununterbrochener Arbeit, die sich vom Herbstbeginn bis zum Hochsommer hinzog. Freud war gern auf Reisen und er reiste, wie bereits erwähnt, höchst ungern ohne Begleitung: dennoch entschädigte auch die Ferienzeit seine Frau nur in geringem Maße dafür, daß Freud zu Hause für sie die wenigste Zeit erübrigte. Auf große Auslandsreisen nahm Freud psychoanalytische Freunde mit – oder auch seine Schwägerin, nie seine Frau. Dafür gibt es zweierlei Erklärungen, eine von Freud selbst und eine von Jones. Jones schreibt: »Seine Frau hatte immer alle Hände voll zu tun und war selten beweglich genug für weitere Reisen, zumal sie mit Freuds ruhelosem Weiterstürmen und seiner unersättlichen Leidenschaft für Besichtigungen nicht Schritt halten konnte ... Doch fast jeden Tag sandte er ihr eine Postkarte oder ein Telegramm und alle paar Tage einen langen Brief.« (E. Jones, 1960-1962, Bd. 2, S. 29f.) Wiederum ist es bemerkenswert, auf wie konventionelle und unanalytische Weise Jones denkt, wenn es sich um seinen Helden handelt: Er kommt gar nicht auf die Idee, daß ein Ehemann, der sich freut, seine Freizeit mit seiner Frau zu verbringen, seine Leidenschaft für Besichtigungen bezähmen könnte, um der weniger reisegewandten Frau das Mitreisen zu ermöglichen. Daß solch entschuldigende Erklärungen lediglich Rationalisierungen sind, wird aus einem anderen Entschuldigungsgrund deutlich. Am 15. September 1910 schreibt er seiner Frau aus Palermo, wo er sich mit Sándor Ferenczi aufhält:

> »Palermo war eine unerhörte Schwelgerei, die man sich eigentlich allein nicht gönnen darf ... Es tut mir schrecklich leid, daß ich Euch das nicht verschaffen kann. Um das alles zu sieben, zu neun oder zu dreien ... zu genießen, hätte ich nicht Psychiater und angeblich Gründer einer neuen Richtung in der Psychologie, sondern Fabrikant von irgend etwas allgemein

Freuds Beziehung zu Frauen 29

Brauchbarem – wie Klosettpapier, Zündhölzchen, Schuhknöpfen – werden müssen. Zum Umlernen ist jetzt lang zu spät, und so genieße ich [es] weiter egoistisch, aber unter prinzipiellem Bedauern, allein.« (S. Freud, 1960, S. 280.)

Welch typische Rationalisierungen! Und wie ähnlich den Rationalisierungen anderer Ehemänner, die ihre Ferien lieber mit Freunden verleben als mit der eigenen Frau! Erstaunlich ist wieder nur, wie blind Freud trotz aller Selbstanalyse dem Problem der eigenen Ehe gegenüberstand und wie ausgiebig er, ohne es zu vermerken, sein Verhalten rationalisierte. Da werden die Komplikationen ausgemalt, die sich bei neun oder sieben oder auch nur drei Mitreisenden ergeben, wo es doch nur um die Frau geht, um eine Reise zu zweit; und da muß man sich – bloß um zu erklären, warum man die Frau nicht mitnimmt – in Positur werfen: Ein armer, aber bedeutender Gelehrter ist darüber erhaben, mit der Fabrikation von Klosettpapier Reichtümer zu erwerben . . .

Wie problematisch Freuds Liebe war, zeigt einer der bekanntesten seiner Träume, in der *Traumdeutung* mitgeteilt und ausführlich besprochen. So lautet der Traum in Freuds eigenen Worten: »Ich habe eine Monographie über eine bestimmte Pflanze geschrieben. Das Buch liegt vor mir, ich blättere eben eine eingeschlagene farbige Tafel um. Jedem Exemplar ist ein getrocknetes Spezimen der Pflanze beigebunden, ähnlich wie in einem Herbarium.« (S. Freud, 1900a, S. 175.) Dazu der Anfang der Freudschen Analyse des Traums: »Ich habe am Vormittage im Schaufenster einer Buchhandlung ein neues Buch gesehen, welches sich betitelt: Die Gattung Zyklamen, – offenbar eine Monographie über die Pflanze. Zyklamen ist die *Lieblingsblume* meiner Frau. Ich mache mir Vorwürfe, daß ich so selten daran denke, ihr *Blumen mitzubringen*, wie sie sich's wünscht.« (a.a.O.)
Eine andere Assoziationskette führt Freud von der Blume zu einem wesentlich anderen Thema: seinem Ehrgeiz. Er notiert:

»Ich habe wirklich einmal etwas Ähnliches geschrieben wie eine *Monographie* über eine Pflanze, nämlich einen Aufsatz über die *Cocapflanze*, welcher die Aufmerksamkeit von K. Koller auf die anästhesierende Eigenschaft des Kokains gelenkt hat.« (a.a.O., S. 175f.)

Freud denkt dann an eine Festschrift zu Ehren von Koller, deren Mitherausgeber er am Abend vorher getroffen hatte. Diese Assoziation bezüglich des Kokains bezieht sich auf Freuds Ehrgeiz. In einem anderen Zusammenhang äußert er, wie er es bedauert habe, seine Arbeit auf dem Gebiet der Kokainforschung abgebrochen zu haben und damit die Chance einer großen Entdeckung verloren zu haben. Er bringt dies in Verbindung mit der Tatsache, daß er seine Forschung aufgeben mußte, um heiraten zu können.

Der Sinn des Traumes liegt auf der Hand, auch wenn ihn Freud in seiner eigenen Deutung nicht gesehen hat. Die *getrockneten Spezimina* der Blumen sind der Mittelpunkt des Traumes, der Freuds inneren Konflikt verrät. Eine Blume ist Sinnbild der Liebe und Freude, erst recht die Lieblingsblume seiner Frau, der Blumen mitzubringen Freud doch wohl zu oft vergißt. Dagegen zeigt die Kokapflanze seine wissenschaftlichen Interessen und seinen Ehrgeiz an. Was macht Freud mit Blumen und – mit der Liebe? Er trocknet und preßt sie und tut sie in ein Herbarium. Das heißt: er läßt die Liebe verdorren und macht sie zum Gegenstand wissenschaftlicher Untersuchungen. So stellt es sich im Traum dar, und so hat sich in der Tat Freud verhalten. Er hat die Liebe zum Objekt der Wissenschaft gemacht, aber in seinem Leben blieb sie trocken und leblos. Seine wissenschaftlichen und intellektuellen Interessen waren mächtiger als sein Eros: sie haben den Eros erdrückt und sind Freud zum Ersatz für die *Erfahrung* von Liebe geworden.

Das Verdorren der Liebe, wie es der Traum zeichnet, trifft auch auf Freuds erotische und sexuelle Wünsche und Fähigkeiten zu. Freud hatte, so paradox es scheinen mag, relativ wenig Interesse an Frauen und wenig sexuelle Triebkraft. Jones

Freuds Beziehung zu Frauen   31

sagt mit Recht: »Bestimmt war seine Frau in seinem Liebesleben die einzige Frau überhaupt, und immer kam sie für ihn vor allen anderen Sterblichen.« (E. Jones, 1960-1962, Bd. 2, S. 453.) Jones weist aber auch darauf hin, daß »die leidenschaftlichere Seite des Ehelebens bei ihm wahrscheinlich früher nachließ als bei vielen anderen Männern« (a.a.O.). Diese Vermutung wird durch verschiedene Tatsachen erhärtet. In einem sehr aufschlußreichen Brief an Fließ vom 31. Oktober 1897 klagt der einundvierzigjährige Freud über seine Stimmungen und fügt dann hinzu: »Auch die sexuelle Erregung ist für einen wie ich nicht mehr zu brauchen.« (S. Freud, 1950, S. 242.) Offensichtlich war zu diesem Zeitpunkt Freuds Sexualleben mehr oder weniger beendet. Ein anderes Ereignis zeigt in die gleiche Richtung: Freud schreibt in der *Traumdeutung*, daß er sich, als er in den Vierzigern war, einmal physisch zu einer jungen Frau hingezogen gefühlt habe und sie halb absichtlich leicht berührt habe. Er drückt sein Erstaunen darüber aus zu fühlen, daß die Möglichkeit einer solchen Anziehung »immer noch« in ihm ist. Im Alter von 56 Jahren schrieb er Ludwig Binswanger: »Heute erschöpft sich die Libido des alten Mannes natürlich im Geldverteilen.« (L. Binswanger, 1956, S. 58f.) Selbst in diesem Alter kann nur ein Mann, dessen sexuelles Leben sehr wenig intensiv war, es als selbstverständlich annehmen, seine Libido habe sexuelle Ziele aufgegeben.

Sofern Mutmaßungen statthaft sind, möchte ich meinen, daß auch einige der Theorien Freuds den Beweis für seine gehemmte Sexualität erbringen. Er hat wiederholt betont, daß der Kulturmensch im Geschlechtsverkehr nur beschränkte Befriedigung finde, daß »das Sexualleben des Kulturmenschen ... schwer geschädigt« sei; man habe, heißt es bei ihm, »wahrscheinlich ein Recht, anzunehmen, daß seine Bedeutung als Quelle von Glücksempfindungen, also in der Erfüllung unseres Lebenszwecks, empfindlich nachgelassen hat«, was er darauf zurückführt, daß volle sexuelle Befriedigung nur möglich sei, wenn die prägenitalen sexuellen Bedürfnisse, die mit Geruchsreizen und anderen »perversen« Strebungen zusammenhingen, noch nicht der durch den Kulturprozeß bedingten Verdrängung zum Opfer gefallen seien. Mehr noch: »manchmal« glaubt er sogar »zu erkennen, es sei nicht allein der Druck der Kultur, sondern etwas am Wesen der [sexuellen] Funktion selbst versage uns die völlige Befriedigung und dränge uns auf andere Wege«. (S. Freud, 1930a, S. 465.)

Für Freud gibt es »befriedigenden Sexualverkehr in der Ehe nur durch einige Jahre, natürlich noch mit Abzug der zur Schonung der Frau aus hygienischen Gründen erforderten Zeiten. Nach diesen drei, vier oder fünf Jahren versagt die Ehe, insofern sie die Befriedigung der sexuellen Bedürfnisse versprochen hat: denn alle Mittel, die sich bis jetzt zur Verhütung der Konzeption ergeben haben, verkümmern den sexuellen Genuß, stören die feinere Empfindlichkeit beider Teile oder wirken selbst direkt krank machend . . . (S. Freud, 1908d, S. 157.)

Bedenkt man, was Freud über sein eigenes Sexualleben äußerte, so kann man nicht umhin, in diesen theoretischen Betrachtungen den rationalisierten Ausdruck seiner eigenen gehemmten Sexualität zu sehen. Zweifellos hat es genug Männer seiner Generation, seiner Gesellschaftsschicht und seines kulturellen Milieus gegeben, die nicht schon als Vierziger meinten, die Zeit des aus geschlechtlichen Beziehungen stammenden Glücks sei für sie vorbei, und die keineswegs die Ansicht teilten, daß sexueller Genuß – auch bei Benutzung von Mitteln zur Empfängnisverhütung – nach einigen Jahren Ehe notwendigerweise aufhören müsse.

Geht man einen Schritt weiter, so gelangt man zu dem Ergebnis, daß noch eine andere Freudsche Theorie lediglich Rationalisierungszwecken diente: die These, daß Kultur und Zivilisation auf der Unterdrückung der Triebe beruhen. Was Freud mit dieser Theorie auszusagen vermeinte, enthielt im Grunde nur eine persönliche Feststellung: da ich, Freud, mich so sehr mit Denken und Wahrheit beschäftige, habe ich notwendigerweise nur wenig Interesse an geschlechtlichen Dingen. Wie so oft, verallgemeinert Freud hier eine höchst persönliche Erfahrung. In Wirklichkeit litt *er* an sexuellen Hemmungen, und zwar aus anderen Gründen, nicht *weil* er sich so tief in schöpferisches Denken versenkt hatte. Äußerlich mag Freuds sexuelles Gehemmtsein im Widerspruch dazu stehen, daß er in

seinen Theorien dem Geschlechtstrieb die zentrale Stelle ein-
räumte. Aber der Widerspruch ist nur scheinbar, nicht echt.
Viele Denker schreiben vornehmlich über das, was ihnen ab-
geht und was sie für sich selbst – oder für andere – zu erreichen
suchen. Außerdem hätte Freud mit seiner puritanischen Haltung nie und nimmer so offen über Sexualität schreiben können, wie er es getan hat, wäre er nicht von seiner eigenen »Ar-
tigkeit« in dieser Beziehung überzeugt gewesen.

Daß Freud Frauen gefühlsmäßig nicht nahekam, hatte zur
Folge, daß er von Frauen sehr wenig verstand. Seine Theorien
über die Frau waren naive Rationalisierungen männlicher Vorurteile, namentlich der Vorurteile des Mannes, dem es ein Bedürfnis ist, Frauen zu beherrschen, damit seine Angst vor
Frauen verborgen bleibt. Allerdings braucht man noch nicht
einmal Freuds Theorien heranzuziehen, um zu beweisen, daß
er Frauen verständnislos gegenüberstand. In einem Gespräch
gestand er einmal mit einer bemerkenswerten Offenheit: »Die
große Frage, die nie beantwortet worden ist und die ich trotz
dreißig Jahre langem Forschen in der weiblichen Seele nicht
habe beantworten können, ist: ›Was will das Weib?‹«

Wenn wir von Freuds Liebesfähigkeit sprechen, dürfen wir uns
übrigens nicht auf die erotische Liebe beschränken. Freud
hatte überhaupt wenig Liebe für Menschen übrig – auch wo
keine erotische Komponente im Spiel war. Seiner Frau gegenüber war er, nachdem das Feuer der ersten Eroberung verglüht
war, ein treuer, aber distanzierter Gatte. Auch in seiner Beziehung zu männlichen Freunden – wie Josef Breuer, Wilhelm
Fließ oder Carl Gustav Jung – ebenso wie zu seinen getreuen
Schülern wahrte er Distanz. Liest man Freuds Briefe an Fließ
und vergegenwärtigt man sich sein Verhalten gegenüber Jung
oder gar gegenüber Ferenczi, so kann man sich trotz aller ide-
alisierenden Darstellung bei Ernest Jones und Hanns Sachs
der Einsicht nicht verschließen, daß es Freud nicht gegeben
war, Liebe intensiv zu erleben. Über die Möglichkeit von
Nächstenliebe sagt er:

»Eine der sogenannten Idealforderungen der Kulturgesellschaft kann uns hier die Spur zeigen. Sie lautet: du

sollst den Nächsten lieben wie dich selbst: sie ist welt-
berühmt, gewiß älter als das Christentum, das sie als
seinen stolzesten Anspruch vorweist, aber sicherlich
nicht sehr alt; in historischen Zeiten war sie den Menschen noch fremd. Wir wollen uns naiv zu ihr einstellen,
als hörten wir von ihr zum ersten Male. Dann können
wir ein Gefühl von Überraschung und Befremden nicht
unterdrücken. Warum sollen wir das? Was soll uns das
helfen? Vor allem aber, wie bringen wir das zustande?
Wie wird es uns möglich? Meine Liebe ist etwas mir
Wertvolles, das ich nicht ohne Rechenschaft verwerfen
darf. Sie legt mir Pflichten auf, die ich mit Opfern zu erfüllen bereit sein muß. Wenn ich einen anderen liebe,
muß er es auf irgendeine Art verdienen. (Ich sehe von
dem Nutzen, den er mir bringen kann, sowie von seiner
möglichen Bedeutung als Sexualobjekt für mich ab;
diese beiden Arten der Beziehung kommen für die Vorschrift der Nächstenliebe nicht in Betracht.) Er verdient
es, wenn er mir in wichtigen Stücken so ähnlich ist, daß
ich in ihm mich selbst lieben kann; er verdient es, wenn
er so viel vollkommener ist als ich, daß ich mein Ideal
von meiner eigenen Person in ihm lieben kann: ich muß
ihn lieben, wenn er der Sohn meines Freundes ist, denn
der Schmerz des Freundes, wenn ihm ein Leid zustößt,
wäre auch mein Schmerz, ich müßte ihn teilen. Aber
wenn er mir fremd ist und mich durch keinen eigenen
Wert, keine bereits erworbene Bedeutung für mein Ge-
fühlsleben anziehen kann, wird es mir schwer, ihn zu
lieben. Ich tue sogar unrecht damit, denn meine Liebe
wird von all den Meinen als Bevorzugung geschätzt; es
ist ein Unrecht an ihnen, wenn ich den Fremden ihnen
gleichstelle. Wenn ich ihn aber lieben soll mit jener
Weltliebe, bloß weil er auch ein Wesen dieser Erde ist
wie das Insekt, der Regenwurm, die Ringelnatter, dann
wird, fürchte ich, ein geringer Betrag Liebe auf ihn entfallen, unmöglich so viel, als ich nach dem Urteil der
Vernunft berechtigt bin, für mich selbst zurückzuhalten.
Wozu eine so feierlich auftretende Vorschrift, wenn

Freuds Beziehung zu Frauen

ihre Erfüllung sich nicht als vernünftig empfehlen kann?« (S. Freud, 1930a, S. 468f.)

Freud, der große Fürsprecher für Sexualität, war in Wirklichkeit ein typischer Puritaner. Als das Lebensziel des Kulturmenschen erschien ihm die Unterdrückung aller Gefühls- und Sexualantriebe, denn nur dank ihrer Unterdrückung sei zivilisiertes Leben möglich. Die geistige Elite aber bildeten die, die im Unterschied zum »Gesindel« die Fähigkeit aufbrächten, ihre triebhaften Impulse nicht zu befriedigen, und sie somit um höherer Zwecke willen zu sublimieren vermöchten. Die Kultur als Ganzes stellt sich Freud als Ergebnis einer solchen Nichtbefriedigung triebhafter Impulse dar.

Es ist bemerkenswert, in welchem Maße diese Ideen, die in Freuds späten Theorien ihren präzisen Ausdruck finden sollten, in ihm bereits in jungen Jahren lebendig waren, zu einer Zeit nämlich, als ihm Probleme der Geschichte und der Triebsublimierung noch fernlagen. Schon am 29. August 1883 entwickelte er in einem Brief an die Braut inhaltsschwere Gedanken, die ihm bei einer Carmen-Aufführung gekommen waren:

»Das Gesindel lebt sich aus, und wir entbehren. Wir entbehren, um unsere Integrität zu erhalten, wir sparen mit unserer Gesundheit, unserer Genußfähigkeit, unseren Erregungen, wir heben uns für etwas auf, wissen selbst nicht, für was, – und diese Gewohnheit der beständigen Unterdrückung natürlicher Triebe gibt uns den Charakter der Verfeinerung. Wir empfinden auch tiefer und dürfen uns darum nur wenig zumuten. Warum betrinken wir uns nicht? Weil uns die Unbehaglichkeit und Schande des Katzenjammers mehr Unlust als das Betrinken Lust schafft. Warum verlieben wir uns [nicht] jeden Monat aufs neue? Weil bei jeder Trennung ein Stück unseres Herzens abgerissen werden würde. Warum machen wir nicht jeden zum Freund? Weil uns sein Verlust oder sein Unglück bitter betreffen würde. So geht unser Bestreben mehr dahin, Leid von uns abzuhalten, als uns Genuß zu verschaffen, und in der höchsten Potenz sind wir Menschen wie wir beide, die sich mit den Banden von Tod und Leben aneinanderketten, die jahrelang entbehren und sich sehnen, um einander nicht untreu zu werden, die gewiß einen schweren Schicksalsschlag, der uns des Teuersten beraubt, nicht überstehen würden. Menschen, die wie jener Asra nur einmal lieben können. Unsere ganze Lebensführung hat zur Voraussetzung, daß wir vor dem groben Elend geschützt seien, daß uns die Möglichkeit offenstehe, uns immer mehr von den gesellschaftlichen Übeln frei zu erhalten. Die Armen, das Volk, sie könnten nicht bestehen ohne ihre dicke Haut und ihren leichten Sinn; wozu sollten sie Neigungen so intensiv nehmen, wenn sich alles Unglück, das die Natur und die Gesellschaft im Vorrat hat, gegen ihre Lieben richtet, wozu das augenblickliche Vergnügen verschmähen, wenn sie auf kein anderes warten können? Die Armen sind zu ohnmächtig, zu exponiert, um es uns gleichzutun. Wenn ich das Volk sich gütlich tun sehe mit Hintansetzung aller Besonnenheit, denke ich immer: das ist ihre Abfindung dafür, daß alle Steuern, Epidemien, Krankheiten, Übelstände der sozialen Einrichtungen sie so schutzlos treffen. Ich will diese Gedanken nicht weiterverfolgen, aber man könnte darlegen, wie ›das Volk‹ ganz anders urteilt, glaubt, hofft und arbeitet als wir. Es gibt eine Psychologie des gemeinen Mannes, die von der unsrigen ziemlich unterschieden ist. Sie haben auch mehr Gemeingefühl als wir; es ist nur in ihnen lebhaft, daß sie einer das Leben des andern fortsetzen, während jedem von uns mit seinem Tod die Welt erlischt.« (S. Freud, 1960, S. 48f.)

Dieser Brief, den Freud mit 27 Jahren schrieb, ist in mancher Beziehung interessant. Seinen späteren Theorien vorgreifend, legt hier Freud die soeben besprochene puritanisch-aristokratische Auffassung nieder: Zu entbehren, mit seiner Genußfähigkeit zu sparen, ist die Voraussetzung der Sublimierung, das Fundament, auf dem eine Elite entsteht. Darüber hinaus trägt

Freuds Beziehung zu Frauen

Freud hier eine Ansicht vor, die zur Grundlage einer seiner wichtigsten, erst viele Jahre später entwickelten Theorien werden sollte. Er beschreibt die Angst, emotional verletzt zu werden: wir lieben nicht jeden, weil die Trennung so schmerzhaft wäre; wir machen nicht jeden zum Freund, weil der Verlust uns Trauer brächte. Das Leben ist auf Vermeiden von Schmerz und Leid, nicht auf Erleben von Freude ausgerichtet: »So geht unser Bestreben mehr dahin, Leid von uns abzuhalten, als uns Genuß zu verschaffen.« Hier ist das formuliert, was Freud später das »Lustprinzip« nannte: In späteren Jahren erschien ihm die Vorstellung, daß Lust die Befreiung von Unlust, von schmerzhafter Spannung, nicht aber das positive Erleben des Genusses sei, als allgemeingültiges, ja als das universalste und fundamentalste Prinzip menschlicher Motivationen. Hier zeigt sich also, daß Freud diesen Gedanken schon viele Jahre vor der theoretischen Fragestellung konzipiert hatte: in Wirklichkeit war er ein Ausfluß seiner im Viktorianischen Zeitalter wurzelnden Persönlichkeit, seiner Angst vor dem Verlust von Besitz (in diesem Fall Besitz an Liebesobjekt und Liebes*gefühl*) und in gewissem Sinne vor dem Verlust des Lebens. Diese Haltung war charakteristisch für das Bürgertum des 19. Jahrhunderts, das sich mehr um das Haben als um das Sein sorgte. Freuds Psychologie war zutiefst durchtränkt von dieser Orientierung am Haben, und deswegen galten seine tiefsten Ängste immer dem Verlust von etwas, was man »hat«, möge es ein Liebesobjekt sein, ein Gefühl oder das Geschlechtsorgan. (In dieser Beziehung teilte er nicht die Auflehnung gegen die bürgerliche Besitzgier, der man etwa in der Philosophie Goethes begegnet.)

Noch ein anderer Gedankengang dieses Briefes verdient hervorgehoben zu werden. Der »gemeine Mann«, sagt Freud, habe mehr Gemeinschaftssinn »als wir«; nur im »Volk« sei die Vorstellung lebendig, »daß sie einer das Leben des anderen fortsetzen, während jedem von uns mit seinem Tod die Welt erlischt«. Historisch ist Freuds Beobachtung, daß das Bürgertum weniger Solidaritätsgefühl hervorgebracht habe als die Arbeiterklasse, zweifellos richtig; aber auch in den Mittel- und Oberschichten gab es nicht wenige Menschen mit tiefem Gefühl für menschliche Solidarität, ob sie Sozialisten, Anarchisten oder wahrhaft religiöse Menschen waren. Von diesem Gefühl für menschliche Solidarität hatte Freud sehr wenig oder fast nichts. Ganz dem Bürgertum entsprechend, war er vollauf mit *seiner* Person, *seiner* Familie, *seinen* Ideen beschäftigt. In denselben Bahnen verlaufen siebzehn Jahre später die Neujahrsbetrachtungen, die er am 8. Januar 1900 in einem Brief an Fließ niederschreibt: »Das neue Jahrhundert, *von dem uns am interessantesten sein dürfte, daß es unsere Todesdaten in sich schließt,* hat mir nichts gebracht als ein blödes Referat in der Zeit« (S. Freud, 1950, S. 328; – Hervorhebung E. F.). Auch hier wieder dieselbe egozentrische Beschäftigung mit dem eigenen Tod, kein Gefühl für Universalität und Solidarität, wie er es den unteren Gesellschaftsklassen zuschreibt.

4 Freuds Abhängigkeit von Männern

Freuds Abhängigkeit von einer Mutterfigur war nicht auf seine Frau und seine Mutter beschränkt. Sie wurde auf Männer übertragen – auf ältere Männer wie Josef Breuer, auf Altersgenossen wie Wilhelm Fließ und auf Schüler wie Carl Gustav Jung. Dabei war Freud stolz auf seine Unabhängigkeit und wehrte sich mit Händen und Füßen dagegen, die Rolle des *Protégé* zu spielen. Dieser Stolz ließ ihn das Bewußtsein seiner Abhängigkeit verdrängen und sie dadurch demonstrativ negieren, daß er Freundschaften abrupt abbrach, sobald er spürte, daß der Freund in der totalen Erfüllung der mütterlichen Rolle versagte. Alle seine großen Freundschaften nahmen denselben Verlauf: einige Jahre hindurch enge freundschaftliche Beziehungen, darauf vollständiger Bruch, der sich meistens zu Haß steigerte. Dies Schicksal ereilte seine Freundschaft mit Breuer, Fließ, Jung, Alfred Adler, Otto Rank und sogar mit Ferenczi, seinem loyalen Schüler, der nie auch nur im Traum daran gedacht hatte, sich von Freud und seiner Bewegung zu trennen.

Breuer, ein älterer und erfolgreicher Kollege, hatte Freud die ersten Keime der Idee vermittelt, aus der sich die Psychoanalyse entwickeln sollte.

Er hatte längere Zeit eine Patientin, die unter dem Decknamen »Anna O.« in die Literatur eingegangen ist, behandelt und dabei beobachtet, daß die Krankheitssymptome (Depression und geistige Verwirrung) verschwanden, sobald es ihm gelang, die Kranke unter Hypnose erzählen zu lassen, was sie beschäftigte und quälte; so konnte er feststellen, daß die Erkrankung auf eine schwere seelische Erschütterung zurückging, die die Patientin als Pflegerin ihres schwerkranken Vaters durchgemacht hatte. Breuer erkannte, daß irrationalen Symptomen ein Sinn innewohnt, der sich erschließt, sobald man ihrem Ursprung auf die Spur kommt. Diese Entdeckung besprach Breuer mit Freud und gab ihm damit die bedeutendste Anre-

40   Erich Fromm: Sigmund Freud

gung, die ihm je zuteil geworden ist. Aus Breuers Beobachtungen hat Freud die zentrale Idee der Psychoanalyse abgeleitet. Unabhängig davon hatte Breuer den jungen Kollegen jahrelang als väterlicher Freund betreut und beraten und es auch an beträchtlicher materieller Unterstützung nicht fehlen lassen.

Wie endete diese Beziehung? Natürlich gab es theoretische Meinungsverschiedenheiten, die sich mit der Zeit vertieften: nicht alle neuen Theorien über die Sexualität, die Freud entwickelte, wurden von Breuer akzeptiert. Normalerweise hätten jedoch solche Differenzen kaum zu einem persönlichen Bruch führen können – und schon gar nicht zu dem Haß auf den früheren Freund und Helfer. Jones formuliert es folgendermaßen: »Die wissenschaftlichen Meinungsverschiedenheiten können nicht der einzige Grund für die Bitterkeit gewesen sein, mit der sich Freud in den neunziger Jahren in seinen (unveröffentlichten) Briefen an Fließ über Breuer äußert. Wenn man bedenkt, was Breuer in den achtziger Jahren für ihn bedeutete, wie er ihn großzügig unterstützte, an seiner Arbeit warmen Anteil nahm, ihn aufheiterte und ihm intellektuelle Anregung gewährte, so muß diese Veränderung in der Tat befremden.« (E. Jones, 1960-1962, Bd. 1, S. 301.)

Jones lagen die Briefstellen vor, die in die hier mehrfach zitierte Sammlung der Feud-Briefe an Fließ (S. Freud, 1950) nicht aufgenommen worden sind. Nach seiner Darstellung hatte Freud am 6. Februar 1896 geschrieben, »es sei mit Breuer nicht mehr auszukommen«, und ein Jahr später, am 29. März 1897, »war er froh, daß er ihn [Breuer] nie mehr sah; sein bloßer Anblick würde genügen, ihn zur Auswanderung zu treiben« (a.a.O.). »Das waren«, meint Jones, »scharfe Worte, und es fielen noch schärfere, die hier nicht wiederholt werden sollen.« (a.a.O.) Breuer zahlte Freud durchaus nicht in gleichem Geiste heim: Als Freud seine Schulden an ihn zurückzahlen wollte, schlug Breuer vor, den Betrag als Arzthonorar für die Behandlung einer Verwandten Breuers, das Freud nicht hatte liquidieren können, gelten zu lassen.

Wie kann man das Umschlagen der Liebe in Haß erklären? Nach Freuds eigener Version, der sich Jones in der orthodoxpsychoanalytischen Deutung anschließt, wiederholte sich in Freuds ambivalenter Haltung zu Breuer die Haltung, die er in seiner frühesten Kindheit seinem ein Jahr älteren Neffen gegenüber eingenommen hatte. Wie so oft, wenn die Freudsche Interpretation spätere Entwicklungen als bloße Wiederholung infantiler Muster begreifen will, wird hier die wirkliche Bedeutung der Ambivalenz ignoriert. Für Freud war es, wie zu Beginn des Kapitels schon kurz angedeutet, kennzeichnend, von Menschen abhängig zu sein, sich jedoch gleichzeitig dieser Abhängigkeit zu schämen und sie zu verabscheuen. Nachdem er Hilfe und Zuneigung eines anderen Menschen angenommen hatte, verneinte er die Abhängigkeit, indem er die Beziehung zu diesem Menschen abbrach, ihn aus seinem Leben entfernte und ihn haßte. Jones hat sehr wohl Freuds brennenden Wunsch nach Unabhängigkeit gesehen und betont; die andere Komponente in Freuds Charakter, seine Abhängigkeit, und den Konflikt zwischen dem stolzen Wunsch nach Unabhängigkeit und der rezeptiven Abhängigkeit übersieht er dagegen – teils weil er seinen Helden idolisiert, teils wegen der Unzulänglichkeit der orthodoxen Theorie.

Ähnliche Züge wie das Verhältnis zu Breuer weist auch Freuds Freundschaft mit Fließ auf. Was hier am meisten auffällt, ist wiederum die Abhängigkeit Freuds von Fließ. Als die freundschaftliche Beziehung, die 1887 begann, auf ihrem Höhepunkt war, breitete Freud vor Fließ all seine Gedanken, Hoffnungen und Sorgen aus, immer in der Erwartung, in Fließ einen betroffenen und interessierten Zuhörer zu finden. Es folgen einige charakteristische Beispiele dieser Haltung zu Fließ: Am 3. Januar 1899 schreibt Freud: »Ich lebe da verdrossen und in Dunkelheit, bis Du kommst; ich schimpf mich aus, entzünde mein flackerndes Licht an Deinem ruhigen, fühle mich wieder wohl, und nach Deiner Abreise habe ich wieder Augen bekommen zu sehen, und was ich sehe, ist schön und gut.« (S. Freud, 1950, S. 290.) In einem anderen Brief vom 30. Juni 1896 heißt es:

»Ich bin ziemlich verdüstert und kann nur sagen, ich freue mich auf den Kongreß [Freuds Bezeichnung für

Zusammenkünfte mit Fließ] wie auf die Befriedigung von Hunger und Durst. Ich bringe nichts als zwei offene Ohren und einen zur Aufnahme gescheuerten Schläfelappen. Mir ahnt Wichtiges – ich bin so eigennützig – auch für meine Zwecke. Mit der Verdrängungstheorie bin ich auf Zweifel gestoßen, die so ein Wort von Dir wie das von der männlichen und weiblichen Menstruation bei demselben Individuum etwa lösen kann. Angst, Chemismus u. dgl. – vielleicht finde ich bei Dir den Boden, auf dem ich aufhören kann, psychologisch zu erklären, und beginnen, physiologisch zu stützen!« (a.a.O., S. 180.)

Beachtlich sind in unserem Zusammenhang schon die Formulierungen des Briefes: daß Fließ Freuds »Hunger und Durst« stillen soll, ist ein typischer Ausdruck unbewußter oral-rezeptiver Abhängigkeit. Interessant ist aber auch, daß Freud der Hoffnung Ausdruck gibt, in der Physiologie statt in der Psychologie eine Grundlage der Erklärung der Neurosen zu finden. Diese Hoffnung drückt in gewisser Hinsicht Freuds alte Liebe zur Physiologie aus, aber sie darf auch nicht zu ernst genommen werden. In Wirklichkeit war Freud auf Anregungen und Ideen von Fließ nicht angewiesen, obwohl es in seinem Brief so scheint. Freud besaß eine so außerordentlich schöpferische Begabung, daß wir die in seinem Brief ausgedrückten bewußten Gedankengänge wesentlich als die Befriedigung einer rein emotionalen Abhängigkeit verstehen müssen. Freud brauchte einen Menschen, der ihn sogar fütterte, und jahrelang war Fließ derjenige, dem diese Aufgabe zufiel.

Zu diesem Bild der Beziehung paßt die Einseitigkeit des Interesses. Man kann schwerlich übersehen, daß in all den langen Jahren, in denen der Briefwechsel geführt wurde, Freud fast nur von sich und seinen Ideen schrieb und so gut wie niemals auf die Dinge einging, die Fließ betrafen. Erkundigungen nach Fließ' privatem Leben gingen selten über Höflichkeitsfloskeln hinaus. Gelegentlich fiel das sogar Freud selbst auf, so schrieb er zu seiner Entschuldigung am 12. Februar 1900: »Beinahe

Freuds Abhängigkeit von Männern

mache ich mir Vorwürfe, Dir nur von mir schreiben zu sollen. Vieles, was sich sagen ließe, ergibt sich nicht beim Schreiben.« (S. Freud, 1950, S. 331.) Hin und wieder scheint sich Fließ darüber beschwert zu haben, daß Dinge, die ihn interessierten, unbeantwortet blieben, und so suchte sich Freud in einem Brief vom 3. Oktober 1897 zu rechtfertigen: »Mein Besuch hat den Vorteil gebracht, daß Du mir wieder Einzelheiten mitteilen kannst, seitdem ich den Rahmen des gegenwärtigen Ganzen kenne. Nicht auf alles darfst Du Antwort erwarten, und bei manchen Antworten wirst Du, hoffe ich, meine eigene Fremdheit und Urteilsschwäche in Deinen Dingen außer acht lassen.« (a.a.O., S. 232.)

Wie im Fall Breuer kam der Bruch nach einigen Jahren überaus intimer Freundschaft. Was ihn herbeiführte, waren Dinge, die in das Gesamtbild der oral-rezeptiven Ambivalenz hineinpassen. »Der unmittelbare Anlaß des Zerwürfnisses«, sagt Jones, »ist uns nicht genau bekannt. Fließ veröffentlichte in der Folge eine Version, nach welcher Freud ihn plötzlich heftig angegriffen hätte, was sehr unwahrscheinlich klingt.« (E. Jones, 1960-1962, Bd. 1, S. 366f.) (Bedenkt man die Ambivalenz dieser Freundschaft, die von Freud und sogar von Jones zugegeben wird, so erscheint dies jedoch nicht so unwahrscheinlich zu sein.) Was immer der Angriff gewesen sein mag – in der Korrespondenz können wir zwei offensichtliche Gründe für den Zusammenstoß finden. Zum einen hatte Fließ an Freuds Verfahren herbe Kritik geübt und geäußert, Freud lese seine eigenen Gedanken in seine Patienten hinein. Freud, der Kritik nie sehr freundlich aufnahm, konnte diese Art Einwand am wenigsten von einem Freund akzeptieren, dessen eigentliche Funktion darin bestand, ihn zu bestätigen, zu ermutigen und zu bewundern. Der andere Grund für den Bruch zwischen Freud und Fließ liegt in einem Vorfall, der uns einen weiteren Einblick in Freuds rezeptive Strebungen gibt. »Am Weihnachts›kongreß‹ in Breslau im Jahre 1897 hatte Fließ sich Freud gegenüber geäußert, seiner Meinung nach seien alle Menschen bisexuell veranlagt; ... Bei ihrem letzten Zusammentreffen in Achensee (1900) teilte Freud dies seinem Freund als eine neue Idee mit, worauf der erstaunte Fließ antwortete: ›Aber das hab' ich Dir doch auf unserm Abendspaziergang in Breslau gesagt, und da hast Du die Idee nicht angenommen.‹ Freud hatte dieses Gespräch ganz vergessen und leugnete alles Wissen darum. Erst eine Woche später kehrte ihm die Erinnerung daran zurück.« (E. Jones, 1960-1962, Bd. 1, S. 367.) Dazu bemerkte Jones in einer Fußnote: »Ein schwerwiegender Fall von Amnesie! Nur ein Jahr zuvor, am 1. August 1899, hatte er geschrieben: ›Nun die Bisexualität! Mit der hast Du sicherlich recht. Ich gewöhne mich auch, jeden sexuellen Akt als einen Vorgang zwischen vier Individuen aufzufassen.‹ Und im vorhergehenden Jahr (4. Januar 1898) hatte er seinem Enthusiasmus folgendermaßen Ausdruck gegeben: › . . . ich bin auf die Betonung der Bisexualität förmlich geflogen und halte diesen Deinen Einfall für den bedeutsamsten in meinen Themen seit der »Abwehr«.‹« (a.a.O., S. 367f., Anm. 22.)

Jones macht nicht den Versuch, diesen »Gedächtnisschwund« psychoanalytisch zu erklären. Die Erklärung indes liegt nahe bei der Hand. Freud hatte allgemein die Tendenz, alles, was ihm dargeboten wurde, aufzunehmen und zu verschlingen, und deswegen neigte er – namentlich bei den intimsten Freunden – dazu, an einer Idee, von der er nur zu genau wußte, daß sie von einem Freunde stammte, zu glauben, daß sie seine sei. Zusätzliches Licht wirft auf diesen Mechanismus ein Brief, den Freud am 7. August 1901, also über ein Jahr nach dem unglückseligen Zusammentreffen von Achensee, an Fließ schrieb. In ihm stellt Freud zunächst fest: »Es ist gar nicht zu verhehlen, daß wir beide ein Stück weit auseiandergeraten sind. An dem und jenem merke ich die Distanz . . . Du bist hier an die Grenze Deiner Scharfsichtigkeit gekommen, nimmst Partei gegen mich und sagst mir, was alle meine Bemühungen entwertet: ›Der Gedankenleser liest bei den anderen nur seine eigenen Gedanken.‹« (S. Freud, 1950, S. 357f.) Nachdem er so seine Erbitterung über Fließ' Einwände zu erkennen gegeben hat, kündigt Freud überraschend an:

Freuds Abhängigkeit von Männern   45

»Nun die Hauptsache! Soweit ich erkenne, wird meine
nächste Arbeit lauten ›Die menschliche Bisexualität‹,
wird das Problem an der Wurzel fassen und das letzte
Wort sagen, das mir zu sagen vergönnt sein dürfte. Das
letzte und tiefste . . . Die Idee selbst ist Deine. Du erin-
nerst Dich, ich habe Dir vor Jahren gesagt, die Lösung
liegt in der Sexualität, – als Du noch Nasenarzt und
Chirurg warst, – und Du hast Jahre später korrigiert: in
der Bisexualität; und ich sehe, Du hast recht. Vielleicht
muß ich also noch mehr von Dir entlehnen, vielleicht
nötigt mich mein Ehrlichkeitsgefühl, Dich zu bitten, die
Arbeit mit mir zu zeichnen, wobei der bei mir kärgliche
anatomisch-biologische Teil eine Ausbreitung für sich
gewinnen würde. Den psychischen Aspekt der Bisexualität und die Erklärung der Neurotik würde ich zum
Ziel nehmen. Das ist also das nächste Zukunftsprojekt,
das uns hoffentlich wieder recht ordentlich auch in wissenschaftlichen Dingen einigen wird.« (a.a.O., S. 358f.)

Dieser Brief verdient genauer analysiert zu werden. Warum
kündigt Freud sein nächstes Buch mit einem Titel an, der nicht
in den engeren Zusammenhang seiner Neurosenstudien gehört, dafür aber im Mittelpunkt der Forschungen und theoretischen Überlegungen von Fließ steht? Warum spricht der stets
bescheidene Freud plötzlich großspurig von seinem »letzten
und tiefsten Wort«? Darauf gibt es nur eine Antwort: dieselbe,
die uns sagt, warum er seine Lehre 1896 mit Fließ' Hilfe »physiologisch stützen« wollte und warum ihm 1900 entfallen war,
daß nicht er, sondern Fließ die Bisexualität entdeckt hatte. Unbewußt drängte es ihn, von der Entdeckung des Freundes Besitz zu ergreifen, nicht weil er sie für seine eigene Arbeit benötigte, sondern weil es ihm ein tief verwurzeltes Bedürfnis war,
gehegt, gepflegt und genährt zu werden. Daß der Konflikt mit
Fließ, vor allem in der Frage der Urheberschaft, dem Brief-
schreiber gegenwärtig war, ist unverkennbar. Das hinderte ihn
nicht, seinen eigenen Anspruch in subtiler Art zu rationalisie-
ren. Nachdem er zugegeben hat, »die Idee selbst ist Deine«, erinnert er Fließ daran, daß er bereits, als Fließ »noch« Nasen-

arzt und Chirurg war, entdeckt hatte, daß die Lösung in der Sexualität liegt, und so Fließ' Entdeckung als eine bloße »Korrektur« erscheint. Allerdings überzeugte diese Rationalisierung offensichtlich Freud selbst so wenig, daß er den Nachsatz anhängte, sein »Ehrlichkeitsgefühl« werde ihn »vielleicht« dazu bringen, Fließ zu bitten, als Mitverfasser zu fungieren. Er formuliert dies nicht als Frage, sondern es ist das »nächste Zukunftsprojekt«, das sie »auch in wissenschaftlichen Dingen (wieder) recht ordentlich ... einigen wird«. In Wirklichkeit wurde dieses Buch niemals geschrieben; es lag Freuds Gedankenrichtung auch ziemlich fern. Diese ganze Idee war ein letzter Versuch, Fließ in die Rolle der stillenden Mutter zu zwingen. Zugleich bereitete sie für den Fall, daß Fließ den ihm zugedachten Auftrag zurückweisen wollte, den endgültigen Bruch vor.

Nach diesem Brief gab es nur noch wenige Briefe. Anscheinend hatte Fließ gegen ein Freud-Buch über Bisexualität unmißverständlich Einspruch erhoben. Am 19. September 1901 schrieb ihm Freud: »Deine Antwort auf das Thema der Bisexualität habe ich nicht verstanden. Es ist offenbar sehr schwer, einander zu verstehen. Gewiß wollte ich nichts anderes, als meine Zugabe zu der Theorie der Bisexualität bearbeiten, den Satz ausführen, daß die Verdrängung und die Neurosen, die Selbständigkeit des Unbewußten also, die Bisexualität zur Voraussetzung hat.« (a.a.O., 1950, S. 361)

Diesem Brief folgten nur noch einige unpersönlich gehaltene Mitteilungen, hauptsächlich über Patienten, die Fließ zu Freud geschickt hatte, und schließlich noch zwei Briefe, mit denen der Briefwechsel sein Ende fand. Darin verbreitete sich Freud mit vielen Einzelheiten über seine Ernennung zum außerordentlichen Professor an der Universität Wien. Das war der Ausklang einer intimen achtjährigen Freundschaft.

Eine dritte Freundschaftsbeziehung, die allerdings viel weniger intim und persönlich war als die mit Breuer oder Fließ, verband Freud mit Jung. Auch hier vollzog sich die Entwicklung in denselben Etappen: große Hoffnungen, große Begeisterung, dann der Bruch. Natürlich gab es im Verhältnis

Freuds Abhängigkeit von Männern   47

Freuds zu Breuer, Fließ und Jung sichtbare Unterschiede. Breuer war Freuds Mentor und hatte ihm eine entscheidende neue Idee eingegeben; Fließ war ein Gleichgestellter; Jung war Freuds Schüler. Widerlegt das nicht die Behauptung, daß Freuds Anlehnungsbedürfnis seine Beziehung zu den drei Männern gleichermaßen beeinflußt habe? Das könnte wohl im Fall Breuer und zur Not auch noch im Fall Fließ zutreffen, aber wie kann man von der Abhängigkeit eines Lehrers von einem seiner Schüler sprechen? Der scheinbare Widerspruch löst sich auf, wenn man die Dinge dynamisch betrachtet. Die Abhängigkeit von einer Vaterfigur, von einem »magischen Helfer«, von einem Überlegenen ist meistens offensichtlich und *bewußt*. Aber es gibt auch noch ein *unbewußtes* Abhängigkeitsverhältnis, in dem die dominierende Person selbst von denen abhängt, die von ihr abhängen. In einem symbiotischen Verhältnis dieser Art sind beide Teile aufeinander angewiesen, nur daß bei dem einen diese Abhängigkeit bewußt ist, während sie beim anderen, dem äußerlich Überlegenen, unbewußt ist.

Wie es um eine solche Abhängigkeit bestellt ist, kann man erkennen, wenn man sich die Anfänge der Beziehung Freuds zu Jung vor Augen führt. Im ersten Jahrzehnt des neuen Jahrhunderts hatte in der Schweiz eine Gruppe von Psychiatern, darunter der Leiter der Nervenheilanstalt Burghölzli, Eugen Bleuler, und sein Chefassistent Jung, ein immer aktiveres Interesse an der Psychoanalyse entwickelt. Für Freud war das eine große Genugtuung. Überdies war er, wie Jones berichtet, »nicht nur dankbar für die Unterstützung, die ihm von so weit her zuteil wurde, sondern fühlte sich von Jungs Persönlichkeit sehr angezogen. Bald faßte er den Beschluß, Jung zu seinem Nachfolger zu erklären, und nannte ihn manchmal den ›Kronprinzen‹. Er gab der Meinung Ausdruck, unter seinen Anhängern seien nur Jung und Otto Groß wirklich originelle Denker. Jung sollte der Josua sein, dazu bestimmt, das Gelobte Land der Psychiatrie zu erforschen, das er selbst, wie Moses, nur von weitem erblicken dürfe.« (E. Jones, 1960-1962, Bd. 2, S. 50.) Eine wichtige Rolle in Freuds Verhältnis zu Jung spielte aber noch etwas anderes. Bis dahin hatte sich Freuds Gefolgschaft hauptsächlich aus Wienern und Juden zusammengesetzt. Einen wirklichen Erfolg der psychoanalytischen Bewegung in der Welt hielt Freud jedoch nur für möglich, wenn die Führung an die »Arier« überginge. Schon 1908 hatte Freud diesen Gedanken in einem Brief an den Berliner Psychoanalytiker Karl Abraham entwickelt. Er machte Abraham Vorwürfe wegen eines nach seiner Meinung unnötigen Streites mit Jung und schloß mit der mahnenden Feststellung, schließlich seien die »arischen« Kollegen »für uns« völlig unentbehrlich, denn ohne sie würde die Psychoanalyse dem Antisemitismus zum Opfer fallen. (Vgl. a.a.O., S. 70.)

Während der folgenden zwei Jahre gewann diese Überzeugung für Freud immer mehr an Bedeutung. Was sich in dieser Beziehung auf dem Nürnberger Psychoanalytikerkongreß von 1910 zugetragen hat, habe ich bereits in einem früheren Zusammenhang kurz angedeutet. Hier Jones' Bericht: »Freud sah einen Vorteil darin, für seine weitere Arbeit eine breitere Basis zu haben als die, welche die Wiener Judenschaft bieten konnte, und fand es notwendig, seine Wiener Kollegen davon zu überzeugen. Als er erfuhr, daß mehrere von ihnen in Stekels Hotelzimmer eine Protestsitzung abhielten, ging er zu ihnen hinauf und richtete an sie einen leidenschaftlichen Appell, ihm ihre Zustimmung zu geben. Er betonte, wieviel heftige Feindseligkeit sie umgäbe, und daß es notwendig sei, sich auf Außenstehende stützen zu können, um ihr zu begegnen. Dann erklärte er, dramatisch seinen Rock zurückwerfend: ›Meine Feinde wären froh, mich verhungern zu sehen; sie würden mir am liebsten den Rock vom Leibe reißen.‹« (a.a.O., S. 50.)

Was in Freuds Kopf vorging, ist leicht zu erraten. Nicht nur seine Angst vor dem persönlichen Verhungern, sondern vor allem auch vor dem Verhungern seiner Bewegung führte ihn dazu, in Jung den Retter vor einem solchen Untergang zu sehen.

Freud wollte Jung ganz und gar gewinnen, ihn zu seinem Nachfolger und zum Führer der Bewegung machen. Kennzeichnend dafür ist eine kleine Episode, die sich im August 1909 vor der gemeinsamen Abreise Freuds, Jungs und Ferenczis nach den Vereinigten Staaten ereignete. Die drei Rei-

Freuds Abhängigkeit von Männern 49

senden nahmen gemeinsam eine Mahlzeit ein, und Freud und Ferenczi bemühten sich eifrig, Jung von seiner Alkoholgegnerschaft abzubringen; schließlich ließ sich Jung überreden, mit ihnen ein Glas Wein zu trinken. Nun war aber das Abstinenzprinzip gleichsam das Symbol der Gemeinschaft, die Jung mit seinem Lehrer Bleuler und manchen schweizerischen Kollegen verband.

Tatsächlich sollte Jungs Änderung seiner Haltung erhebliche Rückwirkungen auf sein Verhältnis zu Bleuler haben. Daß auch Freud von der symbolischen Tragweite des Trinkrituals im Innersten berührt war, zeigte sich sogleich nach dem »Sieg«: er fiel in Ohnmacht. (Vgl. E. Jones, 1960-1962, Bd. 2, S. 75.) Jeder Zweifel am rein psychischen Ursprung des Ohnmachtsanfalles wird dadurch zerstreut, daß sich derselbe Vorgang bei einer ähnlichen Gelegenheit im November 1912 wiederholte. Im Laufe des Jahres hatten sich die Beziehungen zwischen Freud und Jung verschlechtert. Berichte über Jungs Vorträge in New York ließen erkennen, daß er sich über Freuds Theorien und über Freud selbst widersprechend geäußert hatte. Jung hatte bereits Freud persönlich gesagt, er könne die im Rahmen der Freudschen Auffassung überaus wichtigen Inzestwünsche nicht wörtlich nehmen, sondern sehe sie als Symbol anderer Tendenzen. Im November kamen dann Freud und Jung in München zusammen. Freud hielt Jung seinen Mangel an Loyalität vor, worauf sich Jung »ganz zerknirscht« zeigte, die Berechtigung der Kritik anerkannte und sich zu bessern versprach. (Vgl. a.a.O., S. 179.) Beim gemeinsamen Mittagessen, das sich anschloß, begann Freud, »den beiden Schweizern, Jung und Riklin, Vorwürfe zu machen, weil sie in Schweizer Zeitschriften Artikel über Psychoanalyse veröffentlichten, ohne seinen Namen zu erwähnen. Jung erwiderte, sie hätten es für unnötig gehalten, da dieser so bekannt sei; ... Er beharrte auf seinem Standpunkt und nahm die Sache persönlich. Plötzlich stürzte er zum Schrecken der Freunde ohnmächtig zu Boden. Der kräftige Jung trug ihn schnell zu einer Couch in der Halle, wo er bald wieder zu sich kam.« (E. Jones, 1960-1962, Bd. 1, S. 370.)

Freud hat seine Ohnmächtigkeitsreaktionen selbst analy-

50 Erich Fromm: Sigmund Freud

siert und gemeint, solche Anfälle könnten auf den tiefen Eindruck zurückgeführt werden, den auf ihn im Alter von neunzehn Monaten der Tod des jüngeren Bruders gemacht habe. Dazu bemerkt Jones: »Demnach könnte es scheinen, Freud sei ein leichter Fall jenes Typus gewesen, den er selbst als ›Die am Erfolg scheitern‹ beschrieben hat; in diesem Fall an dem Erfolg, einen Gegner zu besiegen – wobei der erfolgreiche Todeswunsch gegen seinen kleinen Bruder Julius als das früheste Beispiel anzusehen wäre.« (E. Jones, 1960-1962, Bd. 2, S. 179f.)

Diese Deutung könnte richtig sein; immerhin sollte aber bedacht werden, daß die Ohnmachtsanfälle auch anders gedeutet werden können: möglicherweise waren sie der symbolische Ausdruck der Hilflosigkeit des kleinen Kindes, das auf die Mutterfigur angewiesen ist. Dafür spricht die Tatsache, daß Freud Ohnmachtsanfälle schon Jahre vorher in derselben Stadt und im selben Hotel, wo er sich mit seinem Freund Fließ aufhielt, erlitten hatte. Nach dem Zwischenfall mit Jung schrieb er darüber am 8. Dezember 1912 an Jones: »Ich kann es nicht vergessen, daß ich vor sechs und vor vier Jahren von sehr ähnlichen, obzwar nicht so intensiven Symptomen in *demselben* Zimmer im Park-Hotel litt ... Am Grunde steckt ein Stück eines unbeherrschten homosexuellen Gefühls dahinter.« (E. Jones, 1960-1962, Bd. 1, S. 370.) Viel wahrscheinlicher ist, daß die Ohnmachtsanfälle bei den Auseinandersetzungen mit Jung und Fließ auf eine andere Wurzel zurückgingen: eine tiefe, allerdings unbewußte Abhängigkeit, die im psychosomatischen Symptom seinen drastischen Ausdruck fand.

Hier muß allerdings angemerkt werden, daß Freud seine Neigung zu Abhängigkeitsgefühlen nicht ganz entgangen war: jedenfalls war er sich ihrer bewußt, als er von seinen »Schnorrerphantasien« sprach. So berichtet er aus seiner Pariser Zeit (1885), das Zusammentreffen mit Dr. Riechetti und dessen Frau habe ihn davon phantasieren lassen, daß er das wohlhabende kinderlose Ehepaar beerben könnte. Eine andere Phantasie dieser Art hat Freud, woran Jones erinnert, fünfzehn Jahre später in *Zur Psychopathologie des Alltagslebens* (S. Freud, 1901b, S. 165f.) erzählt: Er bringt ein Pferd, das durch-

Freuds Abhängigkeit von Männern   51

gegangen war, zum Halten, und der vor dem Unfall bewahrten
Kutsche entsteigt eine hochgestellte Persönlichkeit, die zu ihm
sagt: »Sie sind mein Retter – ich verdanke Ihnen mein Leben.
Was kann ich für Sie tun?« Freuds Reaktion auf diese Phantasie ist enthüllend. Jones schreibt:

> »Damals verdrängte er diese Gedanken sofort; aber
> viele Jahre später kamen sie ihm auf einem seltsamen
> Umweg wieder in den Sinn. Er entdeckte, daß er irrtüm-
> licherweise gemeint hatte, es handle sich um eine Ge-
> schichte von Alphonse Daudet. Die Erinnerung ärgerte
> ihn, denn er hatte jetzt keine Protektion mehr nötig und
> würde sich eine solche energisch verbitten. ›Das Ärger-
> liche an der Sache ist nur, *daß ich kaum irgend einem
> anderen Vorstellungskreise so feindselig gegenüber stehe
> wie dem des Protegiertwerdens.* Was man in unserem Va-
> terlande davon sieht, verdirbt einem alle Lust daran,
> und meinem Charakter sagt die Situation des Protek-
> tionskindes überhaupt wenig zu. Ich habe immer unge-
> wöhnlich viel Neigung dazu verspürt, selbst der brave
> Mann zu sein.‹« (E. Jones, 1960-1962, Bd. 1, S. 226.)

Dies ist eine der vielen wundersam naiven Erklärungen
Freuds, die so deutlich ein Zeichen für den Widerstand sind
und die er dennoch sehr ernst nahm. Gerade das war der Konflikt, in den er verstrickt war: er wollte unabhängig sein, er
haßte es, ein »Protektionskind« zu sein, sehnte sich aber ständig danach, beschützt, bewundert und umsorgt zu werden. Es
ist ihm nie gelungen, diesen Konflikt zu lösen.

Kehren wir nun noch einmal zu Freuds Freundschaft mit Jung
zurück. Auch diese Beziehung nahm denselben Verlauf wie die
zu Breuer und zu Fließ. Trotz Jungs wiederholten Loyalitätsbe-
teuerungen trat eine immer größere Entfremdung sowohl in
den persönlichen Beziehungen als auch in den wissenschaftlichen Standpunkten der beiden ein. 1914 kam der endgültige
und unwiderrufliche Bruch. Das war für Freud zweifellos ein
empfindlicher Schlag; wieder einmal hatte er auf einen Mann

gebaut, dem er sein Herz ausgeschüttet und all seine Sorgen und Hoffnungen offenbart und in dem er den Garanten der Zukunft der Psychoanalyse gesehen hatte, und wieder mußte er die Beziehung abbrechen. In einem Punkt freilich unterscheidet sich der Bruch mit Jung von denen mit Breuer, Fließ, Adler, Stekel, Rank, Ferenczi: Die wissenschaftlichen Differenzen mit Jung waren viel fundamentaler als mit den anderen einstigen Freunden. Freud war Rationalist, und seine Bemühungen, ds Unbewußte zu verstehen, gingen von dem Bedürfnis aus, es zu beherrschen und zu unterwerfen. Jung dagegen war der romantischen, antirationalistischen Tradition verhaftet. Vernunft und Intellekt waren ihm verdächtig, während er im Unbewußten – als Repräsentanz des Nicht-Rationalen – den eigentlichen Quell der Weisheit sah; die analytische Therapie sollte dem Patienten helfen, eine unmittelbare Beziehung zu dieser Quelle nicht-rationaler Weisheit herzustellen und von dieser Berührung zu profitieren. Jungs Interesse am Unbewußten war das bewundernde Interesse des Romantikers, Freuds Interesse das kritische eines Rationalisten. Sie hatten sich für eine Wegstrecke getroffen, aber dann gingen sie in verschiedenen Richtungen. Der Bruch war unvermeidbar.

Freuds Beziehungen zu jenen, auf die er sich gern gestützt hätte, vor allem seine Beziehungen zu Adler, Rank und Ferenczi, folgten demselben Muster Weg wie die Beziehungen zu Breuer, Fließ und Jung: glühende Freundschaft, absolutes Vertrauen, Abhängigkeit, die früher oder später in Mißtrauen, Feindschaft und Haß umschlug. In einem anderen Zusammenhang wird darüber noch einiges zu sagen sein.

5 Freuds Beziehung zu seinem Vater

Freuds *Beziehung zu seinem Vater* war das Gegenteil der Beziehung zu seiner Mutter. Die Mutter bewunderte und verwöhnte ihn, ließ ihn gerne König unter den Geschwistern sein; der Vater war weniger parteiisch und ein unaggressiver Mann. Das unterschiedliche Verhalten zeigt sich daran, daß nicht die Mutter, sondern der Vater den zweijährigen Sigmund zurechtwies, als er noch ins Bett machte. Und was antwortete der kleine Junge? »Ich soll . . ., als ich dafür Vorwürfe zu hören bekam, den Vater durch das Versprechen getröstet haben, daß ich ihm in N. (der nächsten größeren Stadt) ein neues, schönes rotes Bett kaufen werde.« (S. Freud, 1900a, S. 221.) Schon hier macht sich bemerkbar, was für Freud in seinem späteren Leben charakteristisch werden sollte: Es fällt ihm schwer, Kritik zu akzeptieren, er besitzt eine ausgeprägte Selbstsicherheit, er ist rebellisch gegen seinen Vater und, so könnte man sagen, gegen väterliche Autoriät überhaupt. Die väterliche Rüge schüchtert den Zweijährigen nicht ein, ja er versetzt sich selbst in die Rolle des Vaters (man denke an den langen Mantel in dem im 2. Kapitel wiedergegebenen Traum): Er wird dem Vater später ein Bett schenken!

Noch drastischer kommt die Rebellion gegen den Vater in einer anderen von Freud berichteten Kindheitsgeschichte zum Vorschein: Der Sieben- oder Achtjährige urinierte absichtlich im Schlafzimmer seiner Eltern. Dies war ein symbolischer Akt, vom Schlafraum der Eltern Besitz zu ergreifen, und zeigt eine offensichtlich aggressive Tendenz gegen den Vater. Sein Vater reagierte verständlicherweise ärgerlich und rief: »Aus dem Buben wird nichts werden.« – »Es muß«, schreibt Freud darüber dreieinhalb Jahrzehnte später, »eine furchtbare Kränkung für meinen Ehrgeiz gewesen sein, denn Anspielungen auf diese Szene kehren immer in meinen Träumen wieder und sind regelmäßig mit Aufzählung meiner Leistungen und Erfolge ver-

54 Erich Fromm: Sigmund Freud

knüpft, als wollte ich sagen: Siehst du, ich bin doch etwas geworden.« (S. Freud, 1900a, S. 221f.)

Diese Erklärung, in der Freud seinen Ehrgeiz auf die väterliche Ermahnung zurückführt, ist jedoch eine Fehldeutung, wie sie häufig in orthodoxen analytischen Deutungen vorkommt. Daß frühe Erfahrungen zu den wichtigsten Ursachen späterer Entwicklung gehören, ist gewiß richtig; aber auch das Kind hat erworbene oder ererbte Dispositionen, und es kann durchaus vorkommen, daß sie elterliche Reaktionen hervorrufen, von denen es dann irrigerweise heißt, sie hätten die Entwicklung eben dieser Dispositionen im späteren Leben des Kindes verursacht.

Es ist deutlich zu sehen, daß schon der zweijährige Freud von seiner Wichtigkeit überzeugt war und sich dem Vater überlegen fühlte. Ganz gleich, ob wir es hier mit einem konstitutionellen Faktor zu tun haben oder ob sich hier die Tatsache auswirkte, daß die Mutter in der Familie die stärkere Persönlichkeit war: Das herausfordernde Benehmen des Siebenjährigen ist nur eine *weitere* Bestätigung des ungewöhnlichen Selbstvertrauens, das ihn sein Leben lang begleiten sollte; die väterliche Zurechtweisung erscheint demgegenüber als milde Reaktion eines höchst unaggressiven Menschen, der, wie Jones versichert, auf seinen Sohn stolz war und nicht die Gepflogenheit hatte, ihn zu kritisieren oder herabzusetzen. Eine einzelne Unmutsäußerung – ein offensichtlich seltenes Vorkommnis – kann unmöglich die Ursache für Freuds Ehrgeiz gewesen sein.

Einen mächtigen Auftrieb muß der überlegenen Haltung gegenüber dem Vater eine Geschichte gegeben haben, die Freud mit zwölf Jahren zu hören bekam. Als jungem Menschen hieb dem Vater ein nichtjüdischer Passant seine neue Pelzmütze vom Kopf und brüllte ihn an: »Jud, herunter vom Trottoir!« Natürlich wollte der Zwölfjährige wissen, wie der Vater auf die Pöbelei reagiert habe. »Ich bin«, antwortete der Vater, »auf den Fahrweg gegangen und habe die Mütze aufgehoben.« Dreißig Jahre später lautete Freuds Kommentar: »Das schien mir nicht heldenhaft von dem großen starken Mann, der mich Kleinen an der Hand führte. Ich stellte dieser Situation, die

Freuds Beziehung zu seinem Vater   55

mich nicht befriedigte, eine andere gegenüber, die meinem
Empfinden besser entsprach, die Szene, in welcher Hannibals
Vater, Hamilkar Barkas, seinen Knaben vor dem Hausaltar
schwören läßt, an den Römern Rache zu nehmen. Seitdem
hatte Hannibal einen Platz in meinen Phantasien.« (S. Freud,
1900a, S. 203.) Vermutlich hätte die Geschichte von des Vaters
unheldischem Verhalten bei Freud einen weniger bitteren
Nachgeschmack hinterlassen, wenn er sich nicht von Kindheit
an mit dem Helden Hannibal identifiziert hätte; sein Vater
sollte seiner würdig sein. Wir sollten aber nicht vergessen, daß
Freuds Ehrgeiz, wie das so häufig vorkommt, aufs engste mit
seinen großen Vorzügen zusammenhing: mit seinem unbezähmbaren Mut und seinem Stolz. Dieser Mut hatte schon
dem kleinen Jungen die Qualität – und das Ideal – des Helden
verliehen. Kein Wunder, daß sich der heroische Junge seines
unheldischen Vaters schämte.

Freud konnte es nicht verwinden, daß er nicht einen größeren, bedeutenderen Vater hatte. Eine Anspielung darauf findet
sich Jahrzehnte später in der Analyse eines eigenen Traumes:

> »Daß ich . . . in dieser Szene des Traumes Meynert [Psy-
> chiatrieprofessor in Wien, Lehrer Freuds] durch meinen
> Vater verdecken kann, hat seinen Grund nicht in einer
> zwischen beiden Personen aufgefundenen Analogie,
> sondern ist die knappe, aber völlig zutreffende Darstel-
> lung eines Konditionalsatzes in den Traumgedanken,
> der ausführlich lautet: Ja, wenn ich zweite Generation,
> der Sohn eines Professors oder Hofrats, wäre, dann
> wäre ich freilich rascher vorwärtsgekommen. Im Traum
> mache ich nun meinen Vater zum Hofrat und Profes-
> sor.« (S. Freud, 1900a, S. 439f.)

Die Ambivalenz gegenüber der Vaterfigur spiegelt sich auch in
Freuds theoretischem Werk wider. Seine Auffassung von den
Anfängen der menschlichen Geschichte nach, die er in *Totem
und Tabu* (S. Freud, 1912-13) konstruiert, wird der Urvater von
den eifersüchtigen Söhnen erschlagen. Und in seiner allerletzten Arbeit, *Der Mann Moses und die monotheistische Religion*

(S. Freud, 1939a) vertritt er die These, Moses sei kein Jude, sondern der Sohn eines vornehmen ägyptischen Edelmannes gewesen. Es ist, als wollte er unbewußt sagen, auch er sei gleich Moses nicht der Sohn jüdischer Eltern von niederem gesellschaftlichem Rang, sondern ein Mann von königlicher Herkunft. (Vgl. H.W. Puner, 1943, S. 180.) Wohl am deutlichsten äußert sich Freuds ambivalente Haltung gegenüber dem Vater in der zentralen Kategorie seines theoretischen Systems, dem Ödipus-Komplex: der Sohn haßt den Vater als Nebenbuhler im Wettstreit um die Liebe der Mutter. Aber auch hier, ebenso wie in der Problematik der Mutterbindung, verdunkelt die sexuelle Deutung der Rivalität ihre realen, grundlegenden Ursachen. Das Verlangen, von der Mutter geliebt und bewundert zu werden, verbindet sich mit dem Wunsch, der heldenhafte Eroberer zu sein, zum Anspruch auf eine Überlegenheit gegenüber dem Vater und den Geschwistern. (Höchst einprägsam ist diese Konstellation in der biblischen Erzählung von Josef und seinen Brüdern gezeichnet; man ist versucht, hier von einem »Josef-Komplex« zu sprechen.) Oft findet diese Haltung einen Ansporn darin, daß die Mutter den Sohn anbetet, während sie seinem Vater gegenüber ambivalent ist oder ihn gar von oben herab behandelt.

Wir kommen zu folgendem Schluß: Stark an die Mutter gebunden und von ihrer Liebe und Bewunderung überzeugt, hatte Freud allen Anlaß, sich für eine überragende, einzigartige, bewundernswürdige Persönlichkeit zu halten; unter den Geschwistern war er König. Das hatte zur Folge, daß er auf mütterliche Hilfe und Anbetung angewiesen blieb. Fehlte es ihm an Liebe und Bewunderung, so stellten sich Ängste und Depressionen ein. Die Mutter behielt ihre überragende Rolle bis zu ihrem Tod bei (sie starb mit fünfundneunzig Jahren): seine Frau bewunderte und umhegte ihn und sorgte für sein Wohlbefinden. Das genügte nicht: Freud brauchte mehr Bewunderung und Bestätigung und suchte sie bei anderen, bei Männern, und nicht bei Frauen. Menschen wie Breuer, Fließ, Jung, später seine getreuen Schüler, gaben ihm die Art von Bewunderung und Bestätigung, die Freud brauchte, um sich sicher zu fühlen. Wie es Männer mit einer starken Mutterbindung oft widerfährt, empfand er den Vater als Rivalen; *er, der Sohn, wollte selbst der Vater, der Held sein.* Vielleicht hätte sich Freud dem Vater untergeordnet, vielleicht hätte er gegen den Vater weniger rebelliert, wäre sein Vater »der große Mann« gewesen. Gegen einen Vater, der nur für einen durchschnittlichen Sohn gut genug gewesen wäre, mußte sich Freud, der sich mit den Helden seiner Phantasie identifizierte, fast notwendigerweise auflehnen.

Die Rebellion gegen den Vater wirft ein bezeichnendes Licht auf einen entscheidenden Aspekt in Freuds Persönlichkeit und Werk. Weit verbreitet ist die Ansicht, Freud sei ein Rebell gewesen. Tatsächlich trotzte er der öffentlichen Meinung und den medizinischen Autoritäten, und man kann vermuten, daß er seine umwälzenden Auffassungen vom Unbewußten, von der infantilen Sexualität und von manchen anderen Dingen ohne die Fähigkeit zu solcher Widerspenstigkeit nie hätte aussprechen und vertreten können. Er war jedoch ein *Rebell*, kein *Revolutionär*. Wenn ich von Rebellen spreche, meine ich einen Menschen, der gegen die bestehenden Autoritäten kämpft, aber selbst eine Autorität (der sich andere beugen) sein will und von der Anerkennung der Autorität als solcher nie loskommt, seine Abhängigkeit von ihr nicht abschütteln kann. Seine Auflehnung richtet sich in der Hauptsache gegen Autoritäten, die ihn nicht gelten lassen, und er verhält sich freundlich gegenüber Autoritäten, die er sich aussuchen kann, vor allem, nachdem er selbst eine Autorität geworden war. Oft ist der Typ des »Rebellen« in diesem psychologischen Sinn unter radikalen Politikern zu finden: sie sind Rebellen, solange sie keine Macht haben; sie werden zu Konservativen, sobald sie für sich selbst Macht errungen haben. Umgekehrt ist ein »Revolutionär« im psychologischen Sinne der Mensch, der seine Ambivalenz gegenüber der Autorität überwindet und sich damit von jeder Bindung an Autoritäten und von dem Verlangen, andere zu beherrschen, frei macht; er erlangt wirkliche Unabhängigkeit, und die Unterwerfung anderer Menschen ist ihm kein Bedürfnis. Eben in diesem psychologischen Sinne war Freud Rebell, nicht Revolutionär. Bei all seiner herausfordernden Haltung gegenüber Autoritäten und bei all seiner Freude daran war er von der bestehenden Gesellschaftsordnung und ihren Autoritäten aufs tiefste beeindruckt. Den Professortitel zu ergattern und von den geltenden Autoritäten anerkannt zu werden war ihm, sosehr er in merkwürdiger Verkennung der eigenen Wünsche dies verleugnen mochte, enorm wichtig. (Vgl. z.B. S. Freud, 1900a, S. 198.) Im Ersten Weltkrieg war er ein feuriger Patriot – stolz zunächst über die österreichische, dann über die deutsche Angriffslust. Fast vier Jahre lang kam es ihm gar nicht in den Sinn, die Kriegsideologien und Kriegsziele der Mittelmächte kritisch in Frage zu stellen.

6 Freuds autoritäre Einstellung

Über Freuds autoritäre Einstellung hat es schon viele Diskussionen gegeben. Oft wurde geäußert, Freud sei sehr autoritär gewesen, er habe andere Meinungen nicht geduldet und sei gegenüber jedem Versuch der Revision seiner Lehren intolerant gewesen. Das umfangreiche Beweismaterial, auf das sich solche Ansichten stützen, läßt sich schwerlich ignorieren. Daß Freud wesentliche Korrekturen an seinen theoretischen Kozeptionen nie akzeptiert hat, ist unbestreitbar. Entweder war man für seine Theorie – und das bedeutet: *für ihn* – oder man war gegen ihn. Sogar Hanns Sachs, der Freud in seiner Biographie offen vergöttert, gibt das zu: »Ich weiß«, sagt er, »daß es ihm, nachdem er in einem langen und beschwerlichen Prozeß seine eigenen Meinungen herausgearbeitet hatte, immer sehr schwer fiel, die Meinungen anderer zustimmend zu verarbeiten.« (H. Sachs, 1946, S. 14) Gelegentlich hatte auch Sachs Meinungen, die denen des Meisters zuwiderliefen: das nutzte ihm, wie er selbst sagt, wenig: »Wenn meine Meinung der seinigen widersprach, äußerte ich das ganz offen. Er gab mir immer Gelegenheit, meine Ansichten darzustellen, und hörte sich bereitwillig meine Argumente an, *ließ sich aber kaum jemals von ihnen beeinflussen.«* (a.a.O., S. 13.)

Wohl am unerbittlichsten hat sich Freuds Unduldsamkeit und autoritäre Haltung in seiner Beziehung zu Sándor Ferenczi ausgewirkt. Viele Jahre hatte sich Ferenczi als Freuds loyalster und anspruchslosester Schüler und Freund bewährt. Aber am Ende seines Lebensweges waren ihm Zweifel gekommen: Er fand, daß dem Patienten in der psychoanalytischen Behandlung die Liebe zuteil werden müsse, die er als Kind entbehrt habe. Daraus ergaben sich bestimmte Abwandlungen in der Technik der psychoanalytischen Therapie. Ferenczi war von der unpersönlichen Haltung des Analytikers, der nach Freuds Vorstellungen wie ein Spiegel zu sein hat, abgekommen und hatte sich für eine menschliche und liebevolle Einstellung zum Patienten entschieden. (Daß Ferenczi dabei mütterliche oder mütterlich-väterliche Wärme, nicht erotische oder sexuelle Liebe meinte, versteht sich von selbst. Ferenczi berichtet in einem Gespräch mit einem vertrauten Freund und Schüler:

>>Als ich den Professor [= Freud] besuchte, erzählte ich ihm von meinen neuesten Ideen zur Technik. Sie stützen sich empirisch auf meine Arbeit mit meinen Patienten. Aus der Geschichte meiner Patienten, wie sie sie darstellen, aus ihren Gedankenassoziationen, aus der Art ihres Verhaltens – sogar in Einzelheiten und vor allem mir gegenüber –, aus den Versagungen, die bei ihnen Zorn oder Depressionen hervorrufen, und insbesondere aus dem sowohl bewußten als auch unbewußten Inhalt ihrer Wünsche und Sehnsüchte versuche ich zu erfahren, auf welche Weise sie die ablehnende Haltung der Mutter, der Eltern oder der entsprechenden Ersatzpersonen zu spüren bekommen hatten. Ebenso bemühe ich mich, mir bis in die konkreten Verhaltungsdetails mitfühlend klarzumachen, welche Art liebevoller Sorge der Patient in jungen Jahren nötig hatte, welches die liebevolle Pflege und Umsorgung hätte sein müssen, die eine gesunde Entwicklung seines Selbstvertrauens und seiner Fähigkeit, mit sich selbst zufrieden zu sein, ermöglicht hätte. Jeder Patient braucht Pflege, Hilfe und Wärme auf seine besondere Art. Auf welche besondere Art er sie erleben muß, ist nicht einfach zu erkennen, denn meistens ist das Besondere, das er braucht, nicht das, was er sich darunter vorstellt, oft etwas ganz anderes. Wann ich auf der richtigen Fährte bin, kann ich erfühlen, denn unbewußt signalisiert das der Patient sofort mit einer Anzahl fast unmerklicher Veränderungen in seinem Verhalten und seiner Stimmung. Der neue Einblick des Analytikers in das, was der Patient braucht, die sich daraus ergebende Veränderung der Beziehung zum Patienten, die Ausdrucksformen dieser veränderten Beziehung und die sichtbare eigene Reaktion des Patienten: das alles sollte dem Pa-

Freuds autoritäre Einstellung 61

tienten klargemacht werden. Hat der Analytiker einen Fehler begangen, so wird ihm auch das signalisiert: der Patient wird ärgerlich oder läßt erkennen, daß er sich enttäuscht oder verstoßen vorkommt. Und seine Träume zeigen, wo der Fehler des Analytikers steckt. Man kann das vom Patienten erfahren, und man kann es ihm erklären. Der Analytiker muß dann nach einer anderen Behandlung suchen, die dem Patienten wohltut, denn der Patient bedarf ihrer dringend. Das ist ein Prozeß, in dem man etwas versucht, und wenn man fehlgeht, von neuem versucht, bis man Erfolg hat; der Analytiker muß sich mit all seinem Geschick und Takt, mit Liebe und Güte und ohne Furcht darum bemühen. Alles, was er tut, muß er offen und in absoluter Ehrlichkeit tun.

Der Professor hörte sich meine Darstellung mit wachsender Ungeduld an und erklärte mir schließlich warnend, daß ich mich auf eine schiefe Ebene begeben hätte und in entscheidenden Dingen von den herkömmlichen Gebräuchen und Techniken der Psychoanalyse abwiche. Ein solches Nachgeben gegenüber den Sehnsüchten und Wünschen des Patienten, so echt sie sein mögen, müsse den Patienten in viel größere Abhängigkeit vom Analytiker bringen. Der Analytiker könne diese Abhängigkeit nur zunichte machen, wenn er sich gefühlsmäßig völlig abschalte. Von unerfahrenen Analytikern gehandhabt, werde meine Methode, meinte der Professor, nicht der Ausdruck der elterlichen Hingabe sein, sondern leicht zu sexuellen Entgleisungen führen.

Diese Warnung beendete das Gespräch. Ich streckte meine Hand zu einem herzlichen Abschiedsgruß aus. Der Professor kehrte mir den Rücken und ging aus dem Zimmer.«*

---

*Persönliche Mitteilung von Izette de Forest, einer Schülerin und Vertrauten Ferenczis. Ihr Buch *The Leaven of Love* (1954) enthält eine ausgezeichnete Einführung in die neuen Ideen Ferenczis. – Freuds Intoleranz gegenüber diesen Ge-

62 Erich Fromm: Sigmund Freud

Auf ähnliche Weise färbte Freuds Unduldsamkeit sein Verhalten gegenüber Mitgliedern der Internationalen Psychoanalytischen Vereinigung, die sich nicht streng an die offizielle Linie hielten. Kennzeichnend dafür ist eine Bemerkung in einem englisch geschriebenen Brief Freuds an Jones vom 18. Februar 1919. Dort heißt es:»Ihre Absicht, die Londoner Vereinigung von den Jungschen Mitgliedern zu reinigen, ist ausgezeichnet.« (E. Jones, 1960-1962, Bd. 2, S. 303.)

Freuds unversöhnliche Haltung gegenüber widersprechenden Freunden zeigt sich auch in seiner Reaktion auf Alfred Adlers Tod. In einem Antwortbrief an Arnold Zweig, der sich von Adlers Tod im schottischen Exil tief betroffen zeigte, schrieb er am 22. Juni 1937:»Aber Ihr Mitleid für Adler begreife ich nicht! Für einen Juden aus einem Wiener Vorort ist ein Tod in Aberdeen, Schottland, eine unerhörte Karriere und ein Beweis, wie weit er es gebracht hat. Wirklich hat ihn die Mitwelt für das Verdienst, der Analyse widersprochen zu haben, reichlich belohnt.« (E. Jones, 1960-62, Bd. 3. S. 255.)

Trotz solch eklatanter Beweise vertreten Freuds gläubige Verehrer unbeirrt die Auffassung, daß ihm jede autoritäre Tendenz fremd gewesen sei. Immer wieder besteht z.B. Ernest Jones auf diesem Standpunkt; mit besonderem Nachdruck weist er die Meinung zurück, daß »Freud ein Tyrann gewesen sei und alle Anhänger dogmatisch genau seine eigenen Ansichten hätten annehmen müssen. Daß solche Vorwürfe lächerlich und unbegründet sind, läßt sich aus seinen Briefen, seinen Schriften und vor allem aus den Erinnerungen derer, die mit ihm gearbeitet haben, beweisen« (a.a.O., Bd. 2, S. 157). Jones erklärt:

---

dankengängen zeigt sich auch darin, daß er Ferenczi das Versprechen abnehmen wollte, sein Referat auf dem Psychoanalytikerkongreß in Wiesbaden 1932 nicht zu publizieren. Das Referat wurde unter dem Titel *Sprachverwirrung zwischen den Erwachsenen und dem Kind. Die Sprache der Zärtlichkeit und der Leidenschaft* (S. Ferenczi, 1970/1972, Band 2, S. 303-313) schließlich 1939 (S. Ferenczi, 1939) abgedruckt. Es ist von außerordentlicher Tiefe und Brillanz und eine der wertvollsten Arbeiten in der gesamten psychoanalytischen Literatur; in einigen wichtigen, wenn auch subtilen Punkten weicht es jedoch von der Freudschen Position ab.

Freuds autoritäre Einstellung   63

»Ich könnte mir schwerlich jemanden vorstellen, der in seiner ganzen Art dem Bild des Diktators, das man manchmal von ihm gegeben hat, weniger gliche als er.« (a.a.O., S. 159.)

Jones ist von einer psychologischen Naivität, die einem Psychoanalytiker übel ansteht. Er übersieht, daß Freud denen gegenüber unduldsam war, die seine Meinungen auch nur im geringsten anzweifelten oder kritisierten. Damit soll in keiner Weise bestritten werden, daß er Menschen, die ihn über alles verehrten und nie gegenteilige Meinungen äußerten, gütig und tolerant behandelte. Gerade weil er, wie ich oben hervorgehoben habe, auf bedingungslose Zustimmung und Übereinstimmung so sehr angewiesen war, war er den gefügigen Söhnen ein liebender Vater, der sich jedoch in einen strengen, autoritären Vater verwandelte, wenn jemand zu widersprechen wagte.

Sachs ist da freimütiger als Jones. Wo Jones der Objektivitätspflicht des Biographen zu genügen glaubt, bekundet Sachs einen »radikalen Mangel an Objektivität, zu dem ich mich frei und freudig bekenne«; ja, er meint sogar: »Im ganzen dürfte Vergottung, wenn sie echt ist, der Wahrheitsliebe nicht im Wege stehen, sondern sie fördern.« (H. Sachs, 1946, S. 8f.) Er unterstreicht geradezu seine symbiotische, fast religiöse Bindung an Freud: Mit der Lektüre der Freudschen *Traumdeutung*, sagt er, »hatte ich die eine Sache gefunden, mit der das Leben lebenswert wurde; viele Jahre später ging mir auf, daß es auch die einzige Sache war, nach deren Grundsätzen sich leben ließ«. (a.a.O., S. 3f.) Nun ist es nicht schwer, sich Menschen vorzustellen, die das Leben nur nach den Lehren der Bibel, der Bhagavad-Gita, ja auch noch nach denen der Philosophie Spinozas oder Kants glauben bewältigen zu können; aber wer ein Buch über die Deutung von Träumen zum Leitstern seines Lebens erklärt, muß den Verfasser des Buches mindestens zum Moses und seine Wissenschaft zu einer neuen Religion gemacht haben. Unter diesem Aspekt läßt sich sehr gut verstehen, warum Sachs nie ernsthaft gegen Freud rebellierte und noch nicht einmal Kritik an ihm übte. Einmal allerdings hatte Sachs »willentlich und beharrlich« etwas getan, was

64   Erich Fromm: Sigmund Freud

Freud mißbilligte. »Er sprach mit mir darüber, als es schon fast
vorbei war, sagte nur drei, vier Worte, ganz leise, beinahe wie
zur Seite gesprochen. Diese Worte, die einzigen unfreundli-
chen, die ich je von ihm gehört habe, haben sich tief in mein
Gedächtnis eingeprägt. Doch nachdem dieser Zwischenfall
vorbei war, war er vergeben, wenn auch nicht vergessen, und
hatte keinen dauernden Einfluß auf seine Haltung mir gegenüber. Wenn ich heute nicht daran denken kann, ohne ein biß-
chen Scham zu empfinden, tröstet mich der Gedanke: nur ein
einziges Mal im ganzen Leben, nur einmal in fünfunddreißig
Jahren. Eine gar zu schlechte Leistung ist das nicht.« (a.a.O., S.
16f.)

7 Freud als Weltverbesserer

Als Kind hatte Freud mit besonderer Hingabe große Feldherren bewundert, und seine frühesten Helden waren der große Punier Hannibal und André Masséna. Napoleons angeblich jüdischer General. (Vgl. E. Jones, 1960-1962, S. 25 u. 43.) Er interessierte sich leidenschaftlich für die napoleonischen Kriege und klebte seinen Zinnsoldaten Zettel mit den Namen der Marschälle Napoleons auf den Rücken. Als Vierzehnjähriger ereiferte er sich für den Deutsch-Französischen Krieg: In seinem Zimmer hingen Landkarten, auf denen der Verlauf des Feldzugs mit Fähnchen markiert wurde, und seinen Schwestern hielt er strategische Vorträge. (Vgl. a.a.O., S. 43.) An diesen Neigungen und Interessen des begeisterungsfähigen Knaben ist zweierlei bemerkenswert: Vorliebe für Geschichte und Politik und Ehrfurcht vor dem großen Führer, der Geschichte macht und die Geschicke der Menschheit zu beeinflussen vermag. Daß die Hannibal und Masséna gezollte Heldenverehrung und die Beschäftigung mit dem Krieg von 1870/71 nicht einer knabenhaften Freude an Schlachten und Uniformen, sondern einem tieferen Interesse an Geschichte und politischem Fortschritt entsprangen, bezeugt die weitere Entwicklung des politischen Interesses von Freud. Als Freud etwa 17 Jahre alt war, hatte er ernsthaft vor, Jura zu studieren. Freud berichtet in seiner *Traumdeutung* (S. Freud, 1900a, S. 198 f.):

> »Es war die Zeit des Bürgerministeriums, der Vater hatte kurz vorher die Bilder der bürgerlichen Doktoren Herbst, Giskra, Unger, Berger u. a. nach Hause gebracht, und wir hatten diesen Herren zur Ehre illuminiert. Es waren sogar Juden unter ihnen; jeder fleißige Judenknabe trug also das Ministerportefeuille in seiner Schultasche. Es muß mit den Eindrücken jener Zeit zusammenhängen, daß ich bis kurz vor der Inskription an der Universität willens war, Jura zu studieren, und erst im letzten Moment umsattelte.«

66   Erich Fromm: Sigmund Freud

Die Idee des 17jährigen Freud, ein politischer Führer zu werden, wird durch die Schulfreundschaft mit seinem Klassenkameraden Heinrich Braun bestätigt, der später einer der führenden deutschen Sozialisten werden sollte. Über diese Jugendfreundschaft schrieb Freud am 30. Oktober 1927 an Heinrich Brauns Witwe:

>Ich weiß, daß ich Heinrich Brauns Bekanntschaft im ersten Gymnasialjahr ... machte und daß wir bald unzertrennliche Freunde waren. Ich brachte alle von der Schule freigelassenen Tagesstunden mit ihm, meist bei ihm zu ... ... wir vertrugen uns ... ausgezeichnet.
... Weder die Ziele noch die Wege unseres Strebens waren uns sehr klar. Ich bin seither zur Vermutung gekommen, daß seine Ziele wesentlich negativer waren. *Aber es stand fest, ich würde mit ihm arbeiten und seine* ›*Partei*‹ *nie verlassen.* Unter seinem Einfluß war ich auch damals entschlossen, an der Universität Jus zu studieren.« (S. Freud, 1960, S. 374f.)

Angesichts des offensichtlichen Interesses am Sozialismus, das Freud als Heranwachsender bewiesen hatte, ist es nicht verwunderlich, daß sich im Leben des Erwachsenen etwas ereignete, was seiner unbewußten Identifizierung mit dem bewunderten österreichischen Sozialistenführer Viktor Adler einen bezeichnenden Ausdruck verlieh. Dem von Freud selbst in dem zitierten Brief gegebenen Hinweis ist in ihren Nachforschungen über die Umstände, die Freud zu seiner fast lebenslänglichen Wohnstätte in der Berggasse geführt hatten, Suzanne Bernfeld nachgegangen. Seit der Heirat hatten die Freuds am Schottenring gewohnt: als nun 1891 ein weiteres Kind erwartet wurde, beschloß das Ehepaar, nach einer neuen Wohnung Umschau zu halten. Frau Bernfeld berichtet:

»Der Umzug wurde von Professor Freud und seiner Frau sorgfältig geplant. Sie setzten ein Verzeichnis ihrer wichtigsten Anforderungen auf. Sie verwandten viel Zeit darauf, ihr neues Heim zu planen ... Eines Nach-

Freud als Weltverbesserer 67

mittags unternahm er [Freud], nachdem er mit seinen Besuchen fertig war, ... einen Spaziergang. Er freute sich über die vielen Gärten, an denen er vorbeikam, und dann stand er plötzlich vor einem Haus mit dem Schild ›Zu vermieten‹. Unversehens zog ihn das Haus mächtig an. Er ging hinein, ließ sich die Wohnung zeigen, fand, daß sie allen seinen Ansprüchen entsprach, und unterzeichnete auf der Stelle den Mietsvertrag. Das war Berggasse Nr. 19. Er ging nach Hause, erzählte seiner Frau, er habe die für sie ideale Wohnung gefunden, und nahm sie am selben Abend zur Besichtigung mit. Frau Freud sah sofort, daß das Haus in einer sehr ärmlichen Gegend lag: in der Nähe waren die Porzellangasse und der Tandelmarkt, und kein angesehener Arzt praktizierte in der Gegend: um die Kinder und die Praxis unterzubringen, hätte man in dem Haus zwei Wohnungen haben müssen: das Treppenhaus war dunkel und die kahle Steintreppe steil. Aber die Frau Freud eigene Intuition sagte ihr, daß Freud unbedingt diese Wohnung haben mußte, daß eine andere für ihn nicht in Frage kam. Sie sagte also, die Wohung gefalle ihr, sie würden schon zurechtkommen. Sie sind tatsächlich zurechtgekommen und haben in dieser düsteren und unpraktischen Wohnung siebenundvierzig Jahre gewohnt.« (M. Grotjahn, 1956, S. 650f.)

»Was konnte«, fragte Suzanne Bernfeld (a.a.O.), »einen so umsichtigen und überlegten Menschen wie Freud zu einer so impulsiven und unüberlegten Handlung bringen, und was konnte ihn so lange Jahre in diesem Haus halten?«

Die Antwort, die Frau Bernfeld auf diese berechtigte Frage gibt, weist auf die Tatsache hin, daß Viktor Adler, der glühende Sozialist und spätere unangefochtene Führer des österreichischen Sozialismus, in der gleichen Wohnung gelebt hatte und daß Freud dort die Familie Adler besucht und einen unauslöschlichen Eindruck mitgenommen hatte.

In einigen Versprechern, die Freud bei Mitteilungen über die Wohnung in der Berggasse unterlaufen sind, sieht Frau

68   Erich Fromm: Sigmund Freud

Bernfeld ebenfalls Indizien dafür, daß die Verbindung mit Adler für Freud eine besondere Bedeutung gehabt haben muß. Frau Bernfelds Vermutung kommt mir überaus plausibel vor, aber mir scheint, daß sie einen entscheidenden Gesichtspunkt nicht genügend beachtet: Freuds humanistisches Ideal und seinen eigenen Ehrgeiz, ein großer politischer Führer zu werden.

Die Vermutung liegt nahe, daß sich Freud noch mit einem anderen sozialistischen Führer identifizierte. Darauf deutet die Tatsache hin, daß Freud der *Traumdeutung* das Motto aus Vergils Äneis (VII, 42) vorangesetzt hat, das vor ihm schon Ferdinand Lassalles Schrift *Der italienische Krieg und die Aufgabe Preußens* zierte. Daß Freud bei der Wahl dieses Mottos Lassalles Vorbild folgte, läßt sich aus einer Bemerkung in einem Brief an Fließ schließen. Am 17. Juli 1899 schrieb Freud: »Den Lassalle und einigen Schriften über das Unbewußte nehme ich nach Berchtesgaden nebst meinem Manuskript mit ... Motto für den Traum hat sich nicht ergeben, seitdem Du das Goethesche sentimentale umgebracht. Es wird beim Hinweis auf die Veränderung bleiben: *Flectere si nequeo superos Acheronta movebo*« (Kann ich die Götter nicht beugen, so werd ich den Orkus bewegen).[*]

Den Titel der Lasalleschen Schrift, die er in die Ferien mitnahm, nannte Freud nicht, aber wenn man den Zusammenhang berücksichtigt, kann man kaum glauben, daß etwas anderes gemeint sein sollte als eben *Der italienische Krieg* mit dem Vergil-Zitat. Daß Freud nicht ausdrücklich sagt, er verwende das Motto der Schrift Lasalles, deutet auf den unbewußten Charakter seiner Identifikation mit dem sozialistischen Führer.

Bevor ich auf weitere Identifizierungen eingehe, möchte ich noch einige Tatsachen anführen, die zeigen, wie sehr sich Freud nicht zur Medizin, sondern zur Philosophie, zur Politik und zur Ethik hingezogen fühlte. Jones erinnert sich, daß ihm Freud 1910 seufzend gestanden hatte, »er wünschte, er könne

---

[*]S. Freud, 1950, S. 305. – Der Hinweis auf den Zusammenhang des Mottos mit Lasalle und die zitierte Briefstelle verdanke ich Professor Ernst Simon.

Freud als Weltverbesserer 69

seine medizinische Praxis an den Nagel hängen und sich ganz
dem Studium kultureller und historischer Probleme widmen –
letztlich der großen Frage, wie der Mensch zu dem wurde, was
er ist.« (E. Jones, 1960-1962, Bd. 1, S. 47.) Oder, wie es Freud
einmal, auf seine Frühphase zurückblickend, sagte: »In den
Jugendjahren wurde das Bedürfnis, etwas von den Rätseln der
Welt zu verstehen und vielleicht selbst etwas zu ihrer Lösung
beizutragen, übermächtig.« (S. Freud, 1927a, S. 290.)

Diesem politischen und humanitären Intersse entsprach es,
daß Freud 1910 ein erhebliches Interesse an der vom Apothe-
ker Knapp gegründeten »Internationalen Brüderschaft für
Ethik und Kultur« bekundete, an deren Spitze damals der
Psychiater und Naturforscher Auguste Forel stand. Freud
empfahl Knapp, die Frage mit Jung zu besprechen, und holte
seinerseits Jungs Ansicht über die Zweckmäßigkeit des Bei-
tritts ein. Am 13. Januar 1910 schrieb er an Jung: »Angezogen
hat mich der praktische, aggressive wie protektive Zug des Pro-
gramms, die Verpflichtung, die Autorität des Staates und der
Kirche in einzelnen Fällen, wo sie greifbares Unrecht tun, direkt zu bekämpfen.« Jones fügt hinzu: »Aus diesem Plan
wurde nichts, und statt dessen kam es bald zu der Bildung einer rein psychoanalytischen Vereinigung.« (E. Jones,
1960-1962, Bd. 2, S. 88f.)

Die Überlegungen über den Anschluß an die »Internationale
Brüderschaft für Ethik und Kultur« lassen indes erkennen, wie
stark ihn die alten Ideale einer Weltverbesserung im fort-
schrittlichen Sinn noch 1910 beschäftigten; erst als die psychoanalytische Bewegung organisiert war, macht sich Freuds Interesse an ethischer Kultur etc. nicht mehr ausdrücklich bemerkbar. Solche Gedankengänge gingen jedoch, wie ich noch
zu zeigen versuche, in die Zielsetzungen der psychoanalytischen Bewegung ein. Freud betrachtete sich als den Führer der
Bewegung und identifizierte sich in dieser Rolle unbewußt mit
seinem Jugendhelden Hannibal und nicht zuletzt auch mit Moses, dem großen Führer seiner Vorfahren. Er selbst hatte schon
früher notiert:

70 Erich Fromm: Sigmund Freud

»Hannibal ... war ... der Lieblingsheld meiner Gymnasialjahre gewesen; wie so viele in jenem Alter, hatte ich meine Sympathien während der Punischen Kriege nicht den Römern, sondern dem Karthager zugewendet. Als dann im Obergymnasium das erste Verständnis für die Konsequenzen der Abstammung aus landesfremder Rasse erwuchs und die antisemitischen Regungen unter den Kameraden mahnten, Stellung zu nehmen, da hob sich die Gestalt des semitischen Feldherrn noch höher in meinen Augen. Hannibal und Rom symbolisierten dem Jüngling den Gegensatz zwischen der Zähigkeit des Judentums und der Organisation der katholischen Kirche ... So ist der Wunsch, nach Rom zu kommen, für das Traumleben zum Deckmantel und Symbol für mehrere andere heißersehnte Wünsche geworden, an deren Verwirklichung man mit der Ausdauer und Ausschließlichkeit des Puniers arbeiten möchte und deren Erfüllung zeitweilig vom Schicksal ebensowenig begünstigt scheint wie der Lebenswunsch Hannibals, in Rom einzuziehen.« (S. Freud, 1900a, S. 202.)

Die Identifizierung mit Hannibal hielt lange Zeit vor. Noch als Vierzigjähriger empfand Freud eine tiefe Sehnsucht, deren irrationale Wurzeln ihm nicht verborgen blieben, in Rom einzuziehen. Am 3. Dezember 1897 schrieb er an Fließ: »Meine Romsehnsucht ist übrigens tief neurotisch. Sie knüpft an die Gymnasialschwärmerei für den semitischen Heros Hannibal an, und ich bin wirklich heuer so wenig wie er vom Trasimener See nach Rom gekommen.« (S. Freud, 1950, S. 251.) Tatsächlich wurde Rom von Freud, wenn er in Italien reiste, jahrelang gemieden. Im Jahre 1899 war er schließlich auf einer seiner Italienreisen bis zum Trasimener See vorgestoßen, hatte den Tiber gesehen und »war schmerzlich bewegt achtzig Kilometer weit von Rom umgekehrt«. (S. Freud, 1900a, S. 201f.). Er nahm sich vor, nächstes Jahr von neuem nach Italien zu reisen, führte den Vorsatz aus, ließ aber Rom wieder abseits liegen. Erst 1901 gestattete er sich endlich, wirklich bis nach Rom vor-

Freud als Weltverbesserer   71

zudringen.

Was war der Grund dieses eigenartigen Zögerns? Warum
versagte sich Freud die Erfüllung des so lange gehegten Wunsches? Er selbst gab an, »der Aufenthalt in Rom« sei um die
Jahreszeit, zu der er reisen könne, »aus Rücksichten der Gesundheit zu meiden«. (a.a.O., S. 199.) Daß diese Begründung
fadenscheinig war, ging ihm erst später auf: »Ich habe seither«, fügte er 1909 hinzu, »längst erfahren, daß auch zur Erfüllung solcher lange für unerreichbar gehaltenen Wünsche nur
etwas Mut erfordert wird, und bin dann ein eifriger Rompilger
geworden.« (a.a.O.) Unverkennbar hatte Roms schlechtes
Sommerklima nur als Rationalisierung herhalten müssen, weil
der wirkliche Grund, der Freud immer wieder umkehren ließ,
unbewußter Natur war. Der Einzug in Rom war für ihn offenbar gleichbedeutend mit der Eroberung der feindlichen Stadt,
mit der Eroberung der Welt. Rom war Hannibals, war Napoleons Ziel gewesen; Rom war die Hauptstadt der katholischen
Kirche, gegen die Freud eine tiefe Abneigung empfand. Da er
sich mit Hannibal identifizierte, konnte er nicht weiter gelangen als sein Heros; erst Jahre später nahm er den letzten An-
lauf und betrat Rom. Das war ein symbolischer Sieg und eine
Selbstbestätigung, denn im Jahr zuvor war *Die Traumdeutung*,
Freuds Meisterwerk, im Druck erschienen.

Daran, daß ihm Rom so lange Zeit unerreichbar geblieben
war, hatte eine weitere Identifizierung ihren Anteil; die Identifizierung mit Moses. So stellte es sich Freud im Traum dar:
»Ein andermal führt mich jemand auf einen Hügel und zeigt
mir Rom vom Nebel halb verschleiert und noch so ferne, daß
ich mich über die Deutlichkeit der Aussicht wundere. Der Inhalt dieses Traumes ist reicher, als ich hier ausführen möchte.
Das Motiv, ›das gelobte Land von ferne zu sehen‹, ist darin
leicht zu erkennen.« (S. Freud, 1900a, S. 200.)

Freud fühlte die Identifizierung – teils bewußt, teils unbewußt. Die bewußten Gedanken hatte er, wie Jones berichtet, in
Briefen an Jung vom 28. Februar 1908 und 17. Januar 1909
zum Ausdruck gebracht. Das waren die Briefe, in denen er, wie
bereits erwähnt, Jung und Otto Groß als die einzigen selbstän-
digen Denker unter seinen Anhängern bezeichnete und Jung

als den Josua pries, der das ihm selbst verschlossene »gelobte Land« der Psychiatrie betreten werde. In dieser biblischen Anspielung sieht Jones einen bemerkenswerten Hinweis auf »Freuds Identifizierung mit Moses . . ., die in späteren Jahren sehr deutlich wurde« (E. Jones, 1960-1962, Bd. 2, S. 50).

Freuds unbewußte Identifizierung mit Moses bezeugen zwei seiner Arbeiten: der 1914 veröffentlichte Aufsatz *Der Moses des Michelangelo* (1914a) und seine letzte große Studie *Der Mann Moses und die monotheistische Religion* (1939a). Der Aufsatz von 1914 nimmt unter Freuds Schriften eine besondere Stelle ein: Es ist die einzige Arbeit, die er je hat anonym erscheinen lassen. Der Veröffentlichung schickt die Redaktion der »Imago« die folgende Vorbemerkung voraus: »Die Redaktion hat diesem, strenge genommen nicht programmgerechten Beitrage die Aufnahme nicht versagt, weil der ihr bekannte Verfasser analytischen Kreisen nahesteht und weil seine Denkweise immerhin eine gewisse Ähnlichkeit mit der Methodik der Psychoanalyse zeigt.« (Imago, Wien 3 [1916] S. 15, Anm.)

Man fragt sich, was Freud veranlaßt haben mag, diesen Aufsatz, in dem er sich nicht der psychoanalytischen Methode bediente, überhaupt zu schreiben und ihn dann in Anonymität zu hüllen. Bestimmt hätte es Freud keine Schwierigkeiten bereitet, die kleine Arbeit unter seinem Namen zu publizieren, notfalls mit der Feststellung der Redaktion, daß sie die nicht in einem strikten Sinne psychoanalytische Abhandlung bringe, weil sie aus der Feder Freuds stamme. Daß Freud auf der Geheimhaltung seiner Verfasserschaft bestand, konnte nur den Grund haben, daß die Moses-Gestalt für ihn eine besondere gefühlsmäßige Bedeutung hatte, die er nicht klar erkannte und deren Aufhellung bei ihm auf beträchtlichen inneren Widerstand stieß.

Was ist denn das wesentliche Ergebnis, zu dem Freud bei seinem minuziösen Studium der Moses-Statue des Michelangelo gelangt? Er bestreitet die übliche Deutung, wonach die Statue Moses in dem Augenblick darstellt, da er sich zornbebend anschickt, die Gesetzestafeln zu zerschlagen. Ganz im Gegenteil bemüht sich Freud mit großem Scharfsinn und liebe-

Freud als Weltverbesserer 73

voller Mühe um den Nachweis, daß Michelangelo in dieser Skulptur den Charakter des Moses anders darstellt:

>>Der Mann Moses war nach den Zeugnissen der Tradition jähzornig und Aufwallungen von Leidenschaft unterworfen ... Aber Michelangelo hat an das Grabmal des Papstes einen anderen Moses hingesetzt, welcher dem historischen oder traditionellen Moses überlegen ist. Er hat das Motiv der zerbrochenen Gesetzestafeln umgearbeitet, er läßt sie nicht durch den Zorn Moses' zerbrechen, sondern diesen Zorn durch die Drohung, daß sie zerbrechen könnten, beschwichtigen oder wenigstens auf dem Wege zur Handlung hemmen. Damit hat er etwas Neues, Übermenschliches in die Figur des Moses gelegt, und die gewaltige Körpermasse und kraftstrotzende Muskulatur der Gestalt wird nun zum leiblichen Ausdruckmittel für die höchste psychische Leistung, die einem Menschen möglich ist, für das Niederringen der eigenen Leidenschaft zugunsten und im Auftrage einer Bestimmung, der man sich geweiht hat.<< (S. Freud, 1914b, S. 197f.)

Erinnert man sich daran, daß das ungefähr zu der Zeit des Abfalls Jungs geschrieben wurde und daß Freud sich für einen Angehörigen der Elite hielt, der er die Fähigkeit zuschrieb, ihre Leidenschaften zu bezwingen, so erahnt man den Grund des leidenschaftlichen Interesses, das Freud der Moses-Skulptur entgegenbrachte: Er sah sich selbst als den Moses, der vom Volk nicht verstanden wird und der es trotzdem fertigbringt, seinen Zorn zu unterdrücken und sein Werk fortzusetzten.

Daß es sich tatsächlich so verhielt, bestätigt Freuds Reaktion auf die Anstrengungen von Jones und Ferenczi, die ihn zu überreden suchten, den Moses-Aufsatz doch zu zeichnen. Jones schreibt: >>Die Gründe, die er für seinen Beschluß angab, waren ziemlich fadenscheinig: ›Warum Moses durch Hinzusetzen meines Namens degradieren?‹<< – so lautet Freuds Begründung in einem Brief an Jones. (E. Jones, 1960-1962, Bd. 2, S. 341.) Und an Abraham schrieb er: >>1. ist es nur ein

Scherz‹« (a.a.O.). Es ist in der Tat eine merkwürdige Vorstellung, daß Moses degradiert worden wäre, wenn Freud als Autor einer Abhandlung über ihn gezeichnet hätte. Einen Sinn bekommt dieser Ausspruch nur als Verlegenheitsreaktion Freuds auf seine unbewußte Selbstidentifizierung mit Moses, aus der der Aufsatz entstanden sein muß.

Wie wichtig das Moses-Thema für Freud war, zeigt sich auch daran, daß er der Persönlichkeit Moses' seine letzte Schaffenskraft gewidmet hat. Er schrieb das Buch über Moses und den Monotheismus in den Jahren des Hitler-Regimes: Der erste und zweite Teil erschienen 1937, der dritte 1939 (S. Freud, 1939a). Und in diesem Buch ging es ihm darum, zu beweisen, daß Moses nicht Jude, sondern Ägypter gewesen sei! Was konnte Freud dazu getrieben haben, den Juden ihren größten Heros gerade zu einer Zeit zu nehmen, da ein übermächtiger Barbar versuchte, sie zu vernichten? Was konnte Freud bewogen haben, ein Buch zu schreiben, das von seinem eigentlichen Arbeitsgebiet recht weit entfernt war und dessen Thesen er nur mit Analogieschlüssen und schwachen Argumenten zu erhärten wußte? Ein Motiv liegt auf der Hand: Ohne Zweifel war hier dieselbe Faszination am Werk, die die Gestalt Moses' auf Freud vorher schon ausübte, derselbe Drang zur Identifizierung mit Moses, der fast ein Vierteljahrhundert früher den Anstoß zum Michelangelo-Essay gegeben hatte (S. Freud, 1914b). Diesmal war es offenbar kein »Scherz« mehr, diesmal scheute Freud nicht mehr davor zurück, Moses durch Anfügung seines Namens in schlechtem Licht erscheinen zu lassen. Und er tat etwas, was sich zwar nicht gegen Moses, dafür jedoch gegen die Juden auswirken mußte: Er beraubte sie nicht nur ihres Helden, sondern auch des Anspruchs darauf, den Monotheismus hervorgebracht zu haben.* Über die Motive der Veröffentlichung brauchte man keine psychologischen Rätsel zu raten, wenn es sich um Freuds Spezialgebiet gehandelt hätte oder wenn der von ihm angebotene Beweis überwältigend gewesen

---

*E. Simon, 1957, S. 289, weist auf die Bedeutung der Tatsache hin, daß Freud im dritten Teil des Moses-Aufsatzes es als möglich hinstellt, daß der Monotheismus ursprünglich aus dem Nahen oder Fernen Osten oder vielleicht gar aus Palästina nach Ägypten gebracht worden sein könnte.

Freud als Weltverbesserer 75

mit Moses identifizierte. Gleich dem großen Führer der Juden hatte Freud das Volk bis an die Grenze des Gelobten Landes geführt, das zu betreten ihm versagt blieb; gleich Moses hatte er den Undank und den Hohn des Volkes geerntet und sich dennoch von seiner Mission nicht abbringen lassen.

Neben der Identifikation mit Hannibal und Moses sollte noch eine andere mehr oder weniger wichtige Identifikation erwähnt werden: die mit Kolumbus. Nachdem Jung die Bewegung verlassen hatte, bemerkte Freud: »Weiß man heutzutage, mit wem Kolumbus segelte, als er Amerika entdeckte?« (E. Jones, 1957, Band 2, S. 127.)

Gegen Ende seines Lebens zeigt schließlich noch einmal ein Traum, wie tief verwurzelt Freuds Identifikation mit einem siegreichen Helden war. Als Freud aus Wien fliehen mußte, träumte er auf der Überfahrt von Paris nach London im Zug, er sei dabei, in Pevensey zu landen, wo Wilhelm der Eroberer im Jahre 1066 an Land gegangen war. (Vgl. E. Jones, 1960-1962, Bd. 3, S. 270.) Ein schwerkranker Greis auf der Flucht aus der Heimat, im Unbewußten von der Vorstellung erfüllt, er betrete das Land seines letzten Asyls als Held und Eroberer: welch ergreifender Ausdruck von Stolz und sicherer Zuversicht eines Menschen, den nichts zerbrechen konnte.

Angesichts der Kette von Identifizierungen mit großen Führern – von Napoleons Marschällen über Hannibal bis Moses – ist Jones' Meinung, diese Identifizierungen hätten mit Freuds Jugendjahren ein Ende gefunden, erstaunlich:

»Auffallend ist die Veränderung, die ungefähr in seinem sechzehnten oder siebzehnten Jahr mit ihm vorgegangen sein muß. Verschwunden ist der kleine Kampfhahn, der mit seinen Spielgefährten ›raufte‹, der Knabe, der sich fürs Militär begeisterte, der Jüngling, der davon träumte, Minister zu werden und das Land zu regieren! Sollte vielleicht doch die kurze Begegnung

76   Erich Fromm: Sigmund Freud

mit einem Landmädchen schicksalhaft gewesen sein?«
(E. Jones, 1960-1962, Bd. 1, S. 76.)

Schicksalhaft war weder diese Begegnung – Freud hatte sich
für kurze Zeit in ein Mädchen verliebt – noch etwas anderes,
denn die Phantasien und Wunschvorstellungen der Kindheits-
und Jugendjahre waren gar nicht verflogen. Sie hatten nur andere Formen angenommen und waren zum Teil weniger bewußt geworden. Aus dem Halbwüchsigen, der Minister werden wollte, war ein Erwachsener geworden, der darauf aus-
ging, Moses zu gleichen, der Menschheit eine neue Erkenntnis
zu bringen, ihr die tiefste Selbst- und Welterkenntnis zu vermit-
teln. Weder Nationalismus noch Sozialismus, noch Religion
erweckten Vertrauen als Wegweiser zu einem vollkommeneren
Leben; das Irrationale solcher Antworten auf die Probleme
des menschlichen Daseins mußte sich erweisen, sobald die Tiefen des menschlichen Geistes ergründet waren. War das aber
geschehen, so konnten die Menschen zu dem Ziel gelangen,
das ihnen gesetzt ist: zum nüchternen, skeptischen, rationalen
Begreifen der Vergangenheit und der Gegenwart und zur Beja-
hung der wesenhaft tragischen Natur ihrer Existenz.

Dazu bedurfte es einer intellektuellen Revolution, und das
mußte gleichsam die letzte Etappe sein, die der Rationalismus
noch bewältigen konnte. Freud sah sich als den Führer dieser
Revolution. Nur wenn man Freuds inneren Drang, der
Menschheit eine neue, eher wirklichkeitsnahe als frohe Botschaft zu bringen, begreift, kann man seine Schöpfung verstehen: *die psychoanalytische Bewegung.*

Welch merkwürdiges Phänomen! Die Psychoanalyse ist eine
Therapie, die sich mit der Heilung von Neurosen beschäftigt,
und sie ist zugleich eine psychologische Theorie: eine allge-
meine Theorie vom Wesen des Menschen und insbesondere
von der Existenz des Unbewußten und von seinen Manifesta-
tionen in Träumen, in Krankheitssymptomen, im Charakter
und in Symbolbildungen. Wo aber gibt es das sonst, daß sich
eine Therapie oder eine wissenschaftliche Theorie in eine Bewegung verwandelt, die von einem geheimen Komitee zentral
gesteuert wird, abweichende Mitglieder hinaussäubert, über

Freud als Weltverbesserer

lokale Organisationen im Rahmen einer internationalen Ge-samtorganisation verfügt. Keine medizinische Therapie ist je zu einer Bewegung geworden. Als Theorie ließe sich die Psy-choanalyse am ehesten noch mit dem Darwinismus verglei-chen: der Darwinismus ist eine revolutionäre Theorie, die die Geschichte der menschlichen Gattung erhellen will und die gründlicher als irgendeine andere Lehre des 19. Jahrhunderts dazu beigetragen hat, das Weltbild der Menschen umzuwäl-zen. Und dennoch gibt es keine darwinistische »Bewegung«, kein Direktorium, das eine solche Bewegung leitet, und keine Säuberungen, die darüber entscheiden, wer befugt ist, sich Darwinist zu nennen, und wer dieses Vorrecht eingebüßt hat.

Woher dieser einzigartige Charakter der psychoanalytischen Bewegung? Eine Teilantwort liegt in der Persönlichkeit Freuds. Ohne Zweifel war Freud ein großer Gelehrter; aber gleich Marx, der auch ein großer Gelehrter – Soziologe und Nationalökonom – war, verfolgte Freud außer dem Fortschritt der Wissenschaft noch ein anderes Ziel, das Darwin fernlag: er wollte die Welt verändern. Im Gewand des Therapeuten und Wissenschaftlers war er einer der großen Weltverbesserer des angehenden 20. Jahrhunderts.

8 Der quasi-politische Charakter der psychoanalytischen Bewegung

Auf den folgenden Seiten möchte ich versuchen, den eigenartigen Charakter der psychoanalytischen Bewegung deutlicher hervortreten zu lassen. Als Einführung könnte ich kaum etwas Besseres finden als die Kapitelüberschriften aus dem jeweils ersten Teil des zweiten und dritten Bandes der Freud-Biographie von Jones, welcher bei Jones »Leben« betitelt ist. Die Kapitelüberschriften in Band II lauten: Heraustreten aus der Isolierung (1901-1914); Anfänge internationaler Anerkennung (1906-1909); Die Internationale Psychoanalytische Vereinigung (1910-1914); Opposition; Uneinigkeiten und Abfall (1911-1914); Das Komitee; Die Kriegsjahre (1914-1919). Die Überschriften des 1. Teiles von Band III lauten: Wiedervereinigung (1919-1920); Uneinigkeit (1921-1926); Weiterentwicklung und Schicksalsschläge (1921-1925); Ruhm und Leiden (1926-1933);Die letzten Jahre in Wien (1934-1938);London – das Ende.

Wer diese Überschriften liest, ohne zu wissen, worum es sich handelt, muß vermuten, er habe die Geschichte einer politischen oder religiösen Bewegung, ihres Wachsens und ihrer Spaltungen vor sich. Daß es sich um die Geschichte einer Therapie oder einer psychologischen Theorie handelt, wäre sicher eine Überraschung. Der Geist einer die Welt erobernden Bewegung existierte allerdings schon in der Frühzeit der Psychoanalyse. Seine grundlegenden Entdeckungen hatte Freud bereits vor 1910 gemacht und in Büchern und Zeitschriftenartikeln sowie in Vorträgen vor einer kleinen Gruppe Wiener Ärzte und Psychologen dargestellt. Bis dahin hatte sich seine Arbeit von der jedes anderen schöpferisch tätigen Wissenschaftlers in nichts unterschieden. Für Freud war diese Art von Tätigkeit jedoch unbefriedigend. Zwischen 1910 und 1914, schreibt Jones, »nahm das seinen Anfang, was man die ›psy-

80 Erich Fromm: Sigmund Freud

choanalytische Bewegung‹ genannt hat – ein nicht sehr glück-
licher Ausdruck, der aber in gleicher Weise von Freund und
Feind gebraucht wurde« (E. Jones 1960-1962, Bd. 2, S. 88).
Freuds »Freude über zunehmende Beweise des Erfolgs und
der Anerkennung wurde sehr durch die unheilvollen Anzei-
chen der wachsenden Uneinigkeit zwischen von ihm geschätz-
ten Anhängern getrübt – ein Thema, dessen Behandlung eines
besonderen Kapitels bedarf. Die unlösbaren Probleme und
Schwierigkeiten, mit ihnen fertig zu werden, hatten für Freud
viel Ärger, Unruhe, ja Verwirrung zur Folge. Hier wollen wir
uns jedoch auf die lichteren Seiten der Geschichte beschränken, der allmählichen Ausbreitung der neuen Ideen, die Freud
so viel bedeuteten.« (a.a.O.)

Wie oben erwähnt, hatte Freud 1910 an Jung geschrieben, er
überlege sich, ob er nicht seine Anhänger dazu anregen solle,
»sich ›irgendeiner größeren Gruppe zur Arbeit für ein prakti-
sches Ideal‹ zusammenzuschließen« (E. Jones, 1960-1962, Bd.
2, S. 88). Der Plan, die »Internationale Brüderschaft für Ethik
und Kultur« zum organisatorischen Rahmen für seine Anhänger zu machen, wurde jedoch bald fallengelassen. An
seine Stelle trat eine internationale Brüderschaft für Psychoanalyse, genannt »Internationale Psychoanalytische Vereinigung«.

Schon die Gründung der Vereinigung erfolgte in einem Geist,
der sich von der sonst in wissenschaftlichen Gesellschaften üb-
lichen Haltung radikal unterschied. Von vornherein wurde ein
weitgehend diktatorischer Organisationsaufbau in Aussicht
genommen. Vor dem Gründungskongreß hatte Ferenczi am 5.
Februar 1910 an Freud geschrieben: »Die psychoanalytische
Auffassung führt nicht zu demokratischer Gleichmacherei; es
sollte vielmehr eine ›Elite‹ geben nach Art der platonischen
Herrschaft der Philosophen.« (a.a.O., S. 90.) Bereits drei Tage
später antwortete Freud, er habe ähnliche Überlegungen ange-
stellt. Darauf ging Ferenczi in der Anwendung dieses Prinzips
ein Stück weiter. Er schlug die Gründung einer internationalen
Vereinigung mit Zweigorganisationen in den verschiedenen
Ländern vor und proklamierte dann, wie Jones berichtet, die

Der quasi-politische Charakter der Psychoanalyse   81

Notwendigkeit des Grundsatzes, »alle Artikel oder Vorträge von Psychoanalytikern seien zuerst dem Präsidenten der Vereinigung zur Genehmigung vorzulegen« (a.a.O.). Dieser extreme Vorschlag fand zwar keinen Anklang, aber er ist dennoch symptomatisch für den Geist der Bewegung, die Freud von Anfang an zusammen mit Ferenczi zu organisieren suchte.

Der zweite psychoanalytische Kongreß hatte alle Merkmale eines Parteitages. »Die Diskussion, die nach Ferenczis Rede einsetzte, nahm solche Schärfe an, daß man sie auf den nächsten Tag verschieben mußte.« (E. Jones, 1960-1962, Bd. 2, S. 90f.) Die Auseinandersetzungen wurden noch schärfer, als man vorschlug, die Posten des Präsidenten und des Sekretärs mit Schweizern zu besetzen, womit ja die treuen Dienste der »Wiener« ignoriert wurden.

Wie Freud den Aufstand der Wiener mit dem Hinweis auf die Feinde, die ihn aushungern wollten, beizulegen versuchte, habe ich bereits geschildert. (Vgl. oben S. 20 und 48.) Freud als politischer Führer benutzte hier seinen »Hungerkomplex« als dramatisches, ja geradezu hysterisches Kampfmittel, um seinen Anhängern den Verzicht auf die organisatorische Führung abzuringen; nunmehr sollte die Psychoanalyse endlich zur weltumspannenden Bewegung werden, und ihre Repräsentanten durften also – nach Freud – nicht Wiener Juden, sondern sollten nichtjüdische Schweizer sein. Jung sollte gleichsam der Paulus der neuen Religion werden. Aber zunächst mußte Freud die nötigen politischen Schritte ergreifen, um die beiden Führer der Revolte zu beschwichtigen:

> »Er kündigte an, daß er sich von der Präsidentschaft der Wiener Vereinigung zurückziehen und durch Adler ersetzen lassen werde. Auch war er der Meinung, daß eine Zeitschrift gegründet werden sollte, teilweise zum Ausgleich für das von Jung redigierte ›Jahrbuch‹. Diese Zeitschrift sollte monatlich unter dem Titel ›Zentralblatt für Psychoanalyse‹ erscheinen und von Adler und Stekel redigiert werden. Damit beruhigten sie sich, und sie erklärten sich einverstanden, daß er Herausgeber

82   Erich Fromm: Sigmund Freud

der neuen Zeitschrift und Jung Präsident der Vereinigung werden solle.« (E. Jones, 1960-1962, Bd. 2, S. 91.)

Aus dieser Beschreibung läßt sich unschwer entnehmen, daß
Freud, Ferenczi und die anderen eher von dem Enthusiasmus
von Männern motiviert wurden, welche eine quasi-religiöse
Bewegung anführen, Sitzungen und Konklaven abhalten und
sich attackieren und wieder versöhnen, als von der Haltung
von Wissenschaftlern, die sich gemeinsam um die Klärung von
Fachproblemen bemühen. Ein ähnlicher politischer Geist
wurde wenig später in Freuds Verhandlungen mit dem großen
Psychiater Bleuler sichtbar. Am 6.11. desselben Jahres schrieb
Freud an Pfister: »Mit Bleuler habe ich mir große Mühe gegeben. Ich kann nicht sagen, daß ich ihn *um jeden Preis* halten
wollte, da steht mir Jung doch etwas näher, aber ich will gerne
für Bleuler opfern, was ohne Schaden für die Sache geschehen
kann. Leider habe ich wenig Hoffnung.« (Zit. nach E. Jones,
1960-1962, Bd. 2, S. 94f.)
    Nach den ersten Jahren des Sich-Zusammenfindens begannen
heftige Gegensätze die Einheit der Bewegung zu untergra-
ben. Auf den ersten Blick schienen sich die Auseinandersetzungen um theoretische Meinungsverschiedenheiten zu dre-
hen. Hätte es sich aber nur darum gehandelt, so wäre es kaum
zu der Bitterkeit gekommen, die die Zwistigkeiten fast regelmäßig begleiteten. Zweifellos sind die Gegensätze selbst und
auch die Atmosphäre, in der sie ausgetragen wurden, in hohem
Grade daraus zu erklären, daß die jeweiligen Dissidenten den
Ehrgeiz hatten, selbst zu Führern neuer Sekten zu werden;
nicht minder hat dazu aber auch der echt politische Fanatis-
mus Freuds und seiner Gefolgschaft beigetragen. Freilich ergaben sich diese Gegensätze und Spaltungen nicht nur aus dem
persönlichen Charakter Freuds und seiner Widersacher, sondern auch aus der Grundstruktur der »Bewegung«. In einer
hierarchisch organisierten Bewegung, die im Namen ihrer
Ideale die Welt erobern will, sind solche Kampfformen lo-
gisch. In anderen aggressiven religiösen oder politischen Bewegungen, die auf ein Dogma eingeschworen sind und einen
Führer zum Idol machen, ist es nicht anders.

Der quasi-politische Charakter der Psychoanalyse   83

Der Bruch mit Jung, der politisch gefährlicher war und Freud
persönlich mehr geschadet hat als die anderen Konflikte und
Abspaltungen, führte zu einer noch strafferen Zusammenfas-
sung der Bewegung: sie wurde einem geheimen Komitee aus
sieben Mitgliedern (einschließlich Freud) unterstellt, das ihre
Richtung zu überwachen und zu steuern hatte. Schon die ab-
sonderliche Idee eines solchen Komitees unterstreicht den politischen Charakter, den die Bewegung angenommen hatte.
Der Plan kam von Jones und Ferenczi. Nach dem Abfall Adlers und Stekels war im Sommer 1912 zu sehen, daß auch
Freuds Beziehungen zu Jung nicht mehr lange ungetrübt bleiben würden. Im Juli machte Freud seine engsten Mitarbeiter
auf die bevorstehende Auseinandersetzung aufmerksam. Jones
berichtet (1960-1962, Band 2, S. 186):

»In jenem Monat war ich in Wien, während Freud in
Karlsbad weilte, und besprach die Situation mit Ferenczi. Er bemerkte ganz richtig: der ideale Plan wäre,
wenn man in verschiedenen Zentren oder Ländern
Männer sitzen hätte, die von Freud sehr gründlich analysiert worden wären. Doch dafür schien keine Aussicht
zu bestehen, und ich schlug vor, wir sollten inzwischen
eine kleine Gruppe zuverlässiger Analytiker als eine Art
›alte Garde‹ um Freud herum bilden. Sie würden ihm
eine Sicherheit geben, wie sie nur ein fester Stamm
treuer Freunde geben kann; im Falle weiterer Abtrün-
nigkeiten würde sie ihm ein Trost sein . . .«

Rank und Abraham stimmten dem Vorschlag freudig zu. Für
den Charakter der Bewegung ist es wiederum bezeichnend,
daß genau zu der Zeit, da über den Vorschlag diskutiert wurde,
Ferenczi bei Rank anfragte, ob er der Bewegung Treue zu be-
wahren gedenke, und gleichzeitig in einem Brief an Freud vom
6. August 1912 Jones' Verläßlichkeit in Zweifel zog, indem er
schrieb: » . . . Jones müssen Sie stets im Auge behalten und
ihm die Rückzugslinie abschneiden« (Zit. nach E. Jones,
a.a.O., S. 187).

84   Erich Fromm: Sigmund Freud

Freud selbst war über die Idee von Jones Feuer und Flamme und antwortete unverzüglich am 1.8.1912 in einem Brief:

>Was meine Phantasie sofort in Beschlag nahm, war Ihre Idee eines geheimen Konzils, das sich aus den besten und zuverlässigsten unserer Leute zusammensetzen solle, deren Aufgabe es sei, für die Weiterentwicklung der Psychoanalyse zu sorgen und die Sache gegen Persönlichkeiten und Zwischenfälle zu verteidigen, wenn ich nicht mehr da bin ... Ich möchte sagen, es würde mir das Leben und das Sterben leichter machen, wenn ich wüßte, daß eine solche Gemeinschaft zum Schutz meiner Schöpfung existiert. Vor allem aber ist dies zu beachten: Das Komitee müßte in seiner Existenz und in seinem Wirken streng geheim bleiben ... Was die nächste Zeit auch immer bringen mag, der zukünftige Obmann der psychoanalytischen Bewegung könnte aus diesem kleinen Kreis Männer herauswachsen, in die ich trotz meiner letzten Enttäuschungen über Menschen noch immer alles Vertrauen setze.« (a.a.O., S. 187f.)

Ein Jahr später trat das Komitee erstmalig in voller Besetzung zusammen: Außer Freud gehörten ihm Ernest Jones, Sándor Ferenczi, Karl Abraham, Otto Rank und Hanns Sachs an. Zur Feier des Ereignisses schenkte Freud jedem der Mitglieder eine griechische Gemme aus seiner Antiquitätensammlung: sie ließen dann diese Gemme in goldene Ringe einfassen. Freud selbst hatte schon lange einen solchen Ring getragen, und als einige Jahre später Max Eitington ebenfalls einen bekam, waren die »Sieben Ringe« beisammen, von denen Sachs in seinem Buch spricht.

In ihrer weiteren Entwicklung folgte die Bewegung dem Weg, den ihr die Ereignisse schon vor der Bildung des Komitees vorgezeichnet hatten. Freuds eigene Darstellung *Zur Geschichte der psychoanalytischen Bewegung* (S. Freud, 1914d) liefert genug Beweise für den quasi-politischen Charakter der Bewe-

Der quasi-politische Charakter der Psychoanalyse   85

gung. Er zählt die in den einzelnen Ländern eroberten Positionen auf, verzeichnet mit Befriedigung die Fortschritte der Bewegung in Amerika und stellt dann fest: »... gerade darum ist klar, daß der Kampf um die Analyse dort seine Entscheidung finden muß, wo sich die größere Resistenz ergeben hat, auf dem Boden der alten Kulturzentren.« (S. Freud, 1914d, S. 71.) Oder er schreibt über den Kampf mit seinen Gegnern: »Die Geschichte dieser Widerstände zu schreiben, halte ich gegenwärtig für unfruchtbar und unzeitgemäß. Sie ist nicht sehr ruhmvoll für die Männer der Wissenschaft unserer Tage. Ich will aber gleich hinzusetzen, es ist mir nie eingefallen, die Gegner der Psychoanalyse bloß darum, weil sie Gegner waren, in Bausch und Bogen verächtlich zu schimpfen: von wenigen unwürdigen Individuen abgesehen, Glücksrittern und Beutehaschern, wie sie sich in Zeiten des Kampfes auf beiden Seiten einzufinden pflegen.« (a.a.O., S. 79.)

Freud spricht dann von der Notwendigkeit eines Führers: »Ein Oberhaupt, meine ich ... müsse es geben. Ich wußte zu genau, welche Irrtümer auf jeden lauerten, der die Beschäftigung mit der Analyse unternahm, und hoffte, man könnte viele derselben ersparen, wenn man eine Autorität aufrichtete, die zur Unterweisung und Abmahnung bereit sei.« Noch deutlicher: »Es sollte dann eine Stelle geben, welcher die Erklärung zustände: Mit all dem Unsinn hat die Analyse nichts zu tun, das ist nicht die Psychoanalyse.« (a.a.O., S. 84f.)

Genau in diesem Sinne wurde die internationale Organisation aufgebaut: mit Unterorganisationen in vielen Ländern und mit genauen Vorschriften darüber, wer sich als Psychoanalytiker betrachten dürfe und wer nicht. Daraus ergab sich etwas, was auf anderen Wissensgebieten selten vorkommt: Die Entwicklung der wissenschaftlichen Theorie wurde auf Jahrzehnte hinaus an die Entdeckungen ihres Begründers gekettet, und niemand durfte das Recht beanspruchen, grundlegende Thesen des Meisters einer Revision zu unterziehen.

Sogar die Sprache, deren sich Freud bediente, hatte diesen quasi-politischen Charakter. Den mehrmals erwähnten Kongreß von 1910, mit dem für ihn die »Kindheit unserer Bewegung« endete, nannte er in seinem Brief an Ferenczi vom 3.

86 Erich Fromm: Sigmund Freud

April 1910 den »Nürnberger Reichstag« (E. Jones, 1960-1962, Bd. 2, S. 93).

Und als sich Jung nach seiner Meinung zu sehr für die Deutung von Mythen zu interessieren begann, warnte er ihn und schrieb am 29. Dezember 1910 an Ferenczi: »Ich bin mehr als je überzeugt, daß er der Mann der Zukunft ist. Seine eigenen Arbeiten sind tief in die Mythologie gegangen, die er mit dem Schlüssel der Libidotherorie eröffnen will. So erfreulich das alles war bat ich ihn doch rechtzeitig zu den Neurosen zurückzukehren. Dort ist das Mutterland, in dem wir unsere Herrschaft zuerst gegen alles und alle sicherstellen müssen.« (Zit. nach E. Jones, a.a.O., S. 172.) Im Unterschied zum »Mutterland« wurden die anderen Bereiche von Freud oft als »Kolonien« der Psychoanalyse bezeichnet (vgl. Brief an Jones vom 22. Januar 1911 in: E. Jones, 1960-1962, Bd. 2, S. 173). So sprechen Reichsgründer oder politische Führer. Der Mann, der als Kind Marschall Masséna bewundert, als Jüngling von der Karriere eines liberalen oder sozialistischen politischen Führers geträumt hatte und als Erwachsener sich mit Hannibal und Moses identifizierte, sah in der von ihm geschaffenen psychoanalytischen Bewegung ein Werkzeug zur Errettung und Eroberung der Welt für ein Ideal.

Was das Ideal war, dem zuliebe all diese Dinge zu geschehen hatten, läßt sich nicht ohne weiteres sagen. Freud und seine Anhänger verdrängten das Bewußtsein von ihrer Mission, denn ihre Grundidee war für solche quasi-religiösen Missionszwecke schlecht zu gebrauchen. Sie fand ihren Ausdruck in einer therapeutischen Methode und in der psychologischen Theorie des Unbewußten, der Verdrängung, des Widerstandes, der Übertragung, der Traumdeutung. Nichts war in alledem explizit enthalten, was den Kern eines Glaubens hätte bilden können; der Inhalt des Glaubens blieb immer implizit. Explizit bestritt Freud aufs entschiedenste, daß die Psychoanalyse eine Weltanschauung, eine Lebensphilosophie sein könne. »Die Psychoanalyse ... ist unfähig, eine ihr besondere Weltanschauung zu erschaffen. Sie braucht es nicht, sie ist ein Stück Wissenschaft und kann sich der wissenschaftlichen Weltanschauung anschließen. Diese verdient aber kaum den großtönenden Namen, denn sie schaut nicht alles an, sie ist zu unvollendet, erhebt keinen Anspruch auf Geschlossenheit und Systembildung.« (S. Freud, 1933a, S. 197.) So streitet Freud, folgt man seinen eigenen Worten, die Existenz einer besonderen Philosophie, die hinter der Psychoanalyse steht, ab. Wenn ich all dies in Betracht ziehe, so kann ich nur zu dem Schluß kommen, daß Freud dies zwar *bewußt* glaubte und glauben wollte, daß er jedoch seinen Wunsch, eine neue philosophisch-wissenschaftliche Religion begründet zu haben, verdrängte und dieser unbewußt blieb.

So schrieb derselbe Freud am 8. Mai 1913 in einem bewegenden Brief an Ferenczi: »Es ist ganz gut möglich, daß man uns diesmal wirklich begräbt, nachdem man uns so oft vergeblich das Grablied gesungen hat. An unserem Schicksal wird es viel ändern, an dem der Wissenschaft nichts. *Wir sind im Besitz der Wahrheit*; ich bin so sicher wie vor 15 Jahren.« (Zit. nach E. Jones, 1960-1962, Bd. 2, S. 182. – Hervorhebung E.F.)

Was aber war die Wahrheit? Was war der Kern dieser psychoanalytischen Religion, das Dogma, aus dem genug Energie floß zur Erschaffung und Ausbreitung der Bewegung?

Die klarste Formulierung dieses Hauptdogmas scheint mir in *Das Ich und das Es* (1923b) enthalten zu sein. Da sagt Freud: »Das Ich entwickelt sich von der Triebwahrnehmung zur Triebbeherrschung, vom Triebgehorsam zur Triebhemmung. An dieser Leistung hat das Ich-Ideal, das ja zum Teil eine Reaktionsbildung gegen die Triebvorgänge des Es ist, seinen starken Anteil. *Die Psychoanalyse ist ein Werkzeug, welches dem Ich die fortschreitende Eroberung des Es ermöglichen soll.*« (S. Freud, 1923b, S. 286.) Dies ist ein religiös-ethisches Ziel, die Eroberung der Leidenschaft durch die Vernunft. Diese Zielsetzung, deren Wurzeln im Protestantismus, in der Aufklärungsphilosophie, in der Philosophie Spinozas und in der Religion der Vernunft zu finden sind, hatte in der Lehre Freuds eine eigene, neue Gestalt angenommen. Vor Freud hatte man versucht, die irrationalen Affekte der Menschen durch die Vernunft zu beherrschen, ohne sie wirklich zu kennen oder –

genauer – ohne ihre tieferen Quellen zu erkennen. Freud aber glaubte, diese Quellen bloßgelegt zu haben: in den libidinösen Strebungen und den ihnen zugeordneten komplizierten Mechanismen der Verdrängung, Sublimierung, Symptombildung usw. Und darum mußte er auch glauben, daß nunmehr zum erstenmal der uralte Traum von der Herrschaft des Menschen über sich selbst, vom Primat der Rationalität verwirklicht werden könne. Eine Analogie zu Marx drängt sich auf: Ebenso wie Marx überzeugt war, im Gegensatz zu dem, was er den *utopischen Sozialismus* nannte, den Sozialismus auf eine *wissenschaftliche* Grundlage gestellt zu haben, war Freud überzeugt, die wissenschaftliche Basis einer alten moralischen Forderung entdeckt zu haben und damit über die *utopische Morallehre* der Religionen und Philosophien hinausgeschritten zu sein. Da er dem Durschnittsmenschen zutiefst mißtraute, konnte das Ziel dieser neuen wissenschaftlich fundierten Sittlichkeit nur von einer Elite erreicht werden; die psychoanalytische Bewegung erschien ihm als die kleine, dafür aber straff organisierte aktive Avantgarde, der es oblag, den Sieg des moralischen Ideals zu erkämpfen.

Vielleicht hätte Freud ein sozialistischer Führer oder der Führer einer Bewegung für ethische Kultur oder – aus anderen Motiven heraus – ein Führer der zionistischen Bewegung werden können; vielleicht hätte er es werden können, in Wirklichkeit aber konnte er es nicht, weil ihm außer dem Verlangen, das Rätsel der menschlichen Existenz zu lösen, auch noch ein allumfassendes wissenschaftliches Interesse am menschlichen Geist eigen war, weil er seinen Lebensweg als Physiologe und Mediziner angetreten hatte und weil er für einen politischen Führer viel zu sensibel und viel zu skeptisch war. In der Rolle des Begründers einer wissenschaftlichen Schule konnte er seinen alten Traum in die Wirklichkeit umsetzen: Er konnte als neuer Moses der Menschheit das gelobte Land zeigen, in dem das Es vom Ich bezwungen ist, und ihr den Weg zu dieser Eroberung zeigen.

9 Freuds religiöse und politische Überzeugungen

Wir sind an einem Punkt angelangt, wo die Frage nach Freuds eigenen politischen und religiösen Überzeugungen gestellt werden muß. Seine religiöse Überzeugung hat Freud in verschiedenen Schriften, vor allem in *Die Zukunft einer Illusion* (1927c) ausdrücklich und unmißverständlich dargestellt. Hier ist die Antwort leicht zu geben: Im Gottesglauben sah Freud eine Fixierung der Sehnsucht nach einer alles schützenden Vaterfigur, den Ausdruck des Verlangens nach Hilfe und Rettung, in Wirklichkeit aber kann der Mensch nur – wenn auch nicht selbst retten – so doch wenigstens sich selbst helfen, indem er aus kindlichen Illusionen erwacht und von seiner Stärke, seiner Vernunft und seinen Fähigkeiten Gebrauch macht.

Schwieriger wiederzugeben ist die politische Haltung Freuds, denn er hat sie nie systematisch dargelegt. Sie ist vielschichtiger und widerspruchsvoller als seine Einstellung zur Religion. Klar erkennbar sind Freuds radikale Neigungen. Auf dem Gymnasium war er – darauf bin ich im Zusammenhang mit seiner Freundschaft mit Heinrich Braun eingegangen von sozialistischen Ideen beeindruckt. Als er sich dann mit der Absicht trug, Jura zu studieren, um eine politische Laufbahn einschlagen zu können, stand für ihn offenbar der Enthusiasmus für die Ideen eines radikalen Liberalismus im Vordergrund. Derselben Sympathie entsprang vermutlich sein Interesse an John Stuart Mill, dessen Schriften er übersetzt hat. Liberale Gedankengänge waren für Freud auch noch 1910, als er die Ratsamkeit des Anschlusses an die »Internationale Brüderschaft für Ethik und Kultur« erwägte, von erheblicher Bedeutung.

Trotz Freuds frühen liberalen oder sogar sozialistischen Neigungen ging jedoch sein Menschenbild nicht über den Vor-

90 Erich Fromm: Sigmund Freud

stellungskreis hinaus, der für das Bürgertum des 19. Jahrhunderts typisch war. Und man kann sein ganzes psychologisches System nicht richtig beurteilen, wenn man die sozialphilosophischen Anschauungen nicht berücksichtigt, auf deren Grundlage es errichtet wurde.

Betrachten wir zunächst den für Freud so wichtigen Sublimierungsbegriff. Durch Nichtbefriedigung der Triebwünsche, durch Selbstversagung »spare«, meinte Freud, die Elite im Gegensatz zum »Gesindel« psychisches Kapital, das dann in kulturelle Leistungen eingehe. Das Geheimnis der Sublimierung, das Freud nie zureichend erklärt hat, enthüllt sich somit als das Geheimnis der Kapitalbildung, wie es sich im bürgerlichen Mythos des 19. Jahrhunderts darstellte. So wie der Reichtum das Produkt des Sparens ist, ist die Kultur das Produkt von Triebfrustration.

Noch ein anderes Element des Menschenbildes des 19. Jahrhunderts hatte Freud übernommen und in seine psychologische Theorie eingebaut: die Vorstellung, daß der Mensch von Grund auf aggressiv und auf Wettbewerb eingestellt sei. Freud drückt diese Vorstellung in seiner Analyse der Kultur, in *Das Unbehagen in der Kultur* (1930a, S. 471) aus:

> »*Homo homini lupus*: wer hat nach allen Erfahrungen des Lebens und der Geschichte den Mut, diesen Satz zu bestreiten? Diese grausame Aggression wartet in der Regel eine Provokation ab oder stellt sich in den Dienst einer anderen Absicht, deren Ziel auch mit milderen Mitteln zu erreichen wäre. Unter ihr günstigen Umständen, wenn die seelischen Gegenkräfte, die sie sonst hemmen, weggefallen sind, äußert sie sich auch spontan, enthüllt den Menschen als wilde Bestie, der die Schonung der eigenen Art fremd ist.«

Aus der natürlichen Aggressivität leitet sich im Rahmen dieses Menschenbildes ein anderes vermeintliches Wesensmerkmal des Menschen her, dem zentrale Bedeutung beigemessen wird: sein angeborenes Wettbewerbsstreben. »Infolge dieser primä-

Religiöse und politische Überzeugungen   91

ren Feindseligkeit der Menschen gegeneinander«, sagt Freud, »ist die Kulturgesellschaft beständig vom Zerfall bedroht.« (a.a.O.) Nur dem Anschein nach sei die »primäre Feindseligkeit« durch wirtschaftliche Ungleichheit bedingt. »Mit der Aufhebung des Privateigentums entzieht man der menschlichen Aggressionslust [nur] eines ihrer Werkzeuge, gewiß ein starkes und gewiß nicht das stärkste. (a.a.O., S. 473.) Was ist dann aber der wirkliche Ursprung des menschlichen – oder vielmehr männlichen – Wettbewerbsstreben? Es ist das Verlangen der Männer nach unbegrenzter und uneingeschränkter Verfügbarkeit aller Frauen, nach denen sie begehren. Ursprünglich geht es um den Wettbewerb zwischen den Söhnen und dem Vater um den Besitz der Mutter, später um den Wettbewerb zwischen den Söhnen um alle erreichbaren Frauen. »Räumt man das persönliche Anrecht auf dingliche Güter weg, so bleibt noch das Vorrecht aus sexuellen Beziehungen, das die Quelle der stärksten Mißgunst und der heftigsten Feindseligkeit unter den sonst gleichgestellten Menschen werden muß.« (a.a.O.)

Den bürgerlichen Denkern in Freuds Zeit stellte sich der Mensch primär als isoliert und selbstgenügsam dar. Soweit der Mensch auf bestimmte Güter angewiesen war, mußte er auf dem Markt erscheinen, wo er mit anderen Individuen zusammentraf, die das brauchten, was er zu verkaufen hatte, und das anboten, was er benötigte; der beiden Seiten zugute kommende Warenaustausch schien den Kern des gesellschaftlichen Zusammenhangs zu bilden. In Freuds Libidotheorie ist diese Vorstellung von der wirtschaftlichen in die psychische Ebene verlegt: Primär ist der Mensch eine durch die Libido angetriebene Maschine, bei der die Notwendigkeit, schmerzhafte oder störende Spannungen auf ein Mindestmaß zu reduzieren, als automatischer Regulator wirkt. Die Spannungsminderung ist das Wesen der Lust; zur Erlangung dieser Befriedigung sind Männer und Frauen aufeinander angewiesen, sie kommen zur gegenseitigen Befriedigung ihrer libidinösen Bedürfnisse zusammen, und darauf beruht ihr Interesse aneinander. Im wesentlichen bleiben sie jedoch isolierte Einzelwesen – genau wie der Verkäufer und der Käufer auf dem Markt; auch wenn sie das Bedürfnis, ihre triebhaften Wünsche zu befriedigen, zueinander drängt, transzendieren sie ihr grundlegendes Getrenntsein nie. Für Freud und die meisten Denker seiner Zeit ist der Mensch nur aufgrund der Notwendigkeit der gegeseitigen Befriedigung seiner Bedürfnisse ein soziales Wesen, nicht aufgrund eines primären Bedürfnisses nach Bezogenheit.

Zu diesen Momenten, die dem Menschenbild Freuds und dem des Bürgertums des 19. Jahrhunderts gemeinsam sind, kommt noch etwas für die Freudsche Lehre sehr Wichtiges hinzu: der »ökonomische Aspekt« der Libido. Die Libido ist bei Freud immer quantitativ gedacht, sie erscheint als ein bestimmtes Quantum, das zwar auf verschiedene Weise verausgabt werden kann; das aber den Gesetzen der Materie unterworfen bleibt: Was ausgegeben ist, kann nicht zurückgeholt werden. Diese Auffassung steht z. B. auch hinter dem Konzept des Narzißmus. Die Frage ist, ob die Libido nach außen gerichtet ist *oder* auf das eigene Ich zurückgelenkt wird. Sie steht auch hinter der Lehre von den destruktiven Impulsen, die sich *entweder* gegen andere *oder* gegen das Individuum selbst kehren. Schließlich liegt sie der Überzeugung zugrunde, daß Nächstenliebe unmöglich sei. In dem bereits oben zitierten Abschnitt erläutert Freud im Rahmen seiner Auffassung von festgelegten Quantitäten die Absurdität des Gebotes »Liebe deinen Nächsten wie dich selbst«:

»Meine Liebe ist etwas mir Wertvolles, das ich nicht ohne Rechenschaft verwerfen darf ... Ich tue sogar unrecht damit, denn meine Liebe wird von all den Meinen als Bevorzugung geschätzt; es ist ein Unrecht an ihnen, wenn ich den Fremden ihnen gleichstelle. Wenn ich ihn aber lieben soll, mit jener Weltliebe, bloß weil er auch ein Wesen dieser Erde ist, wie das Insekt, der Regenwurm, die Ringelnatter, dann wird ... ein geringer Betrag Liebe auf ihn entfallen, unmöglich so viel, als ich nach dem Urteil der Vernunft berechtigt bin, für mich selbst zurückzuhalten.« (S. Freud, 1930a, S. 468f.)

Wie zu seiner Zeit über Eigentum und Kapital gesprochen wurde, so spricht hier Freud über die Liebe. Ja, er gebraucht genau das Argument, das so oft gegen einen mißverstandenen Sozialismus herhalten mußte: Würde aller Reichtum der Kapitalisten auf die Besitzlosen aufgeteilt, so käme auf jeden neuen Nutznießer nur »ein geringer Betrag«.

Aus dem Bild, das sich im 19. Jahrhundert die Wirtschaftstheoretiker und der Durchschnittsbürger von der menschlichen Natur machten, ließ sich leicht die These ableiten, daß der Kapitalismus die Probleme der menschlichen Existenz am besten löse, weil er den der menschlichen Natur innewohnenden Trieben Rechnung trage. Solche Beweise müssen die Ideologen jeder Gesellschaftsordnung erbringen, denn ein Gesellschaftssystem wird am ehesten dann akzeptiert, wenn die Menschen überzeugt sind, daß es der natürlichen Ordnung der Dinge entspricht; dann gilt es als notwendig und gut. Ich möchte damit sagen, daß Freud das in seiner Gesellschaft vorherrschende Menschenbild nicht überschritt. Mehr noch: Er verlieh den vorherrschenden Auffassungen ein zusätzliches Gewicht, indem er zeigte, daß sie im Wesen der Libido und in der Art ihres Funktionierens verwurzelt seien. In dieser Beziehung war er der wahre Psychologe der Gesellschaft des 19. Jahrhunderts. Er schien zu beweisen, daß die den ökonomischen Theorien zugrunde liegenden Annahmen über die Natur des Menschen in noch höherem Maße zuträfen, als sich die Nationalökonomen träumen ließen. Seine Vorstellung vom *homo sexualis* war nichts anderes als eine vertiefte und erweiterte Variante der Vorstellung der Nationalökonomen vom *homo oeconomicus*. Nur in einem wich Freud von den herkömmlichen Meinungen ab: Er hielt das Ausmaß der sexuellen Verdrängung, das im ausgehenden Jahrhundert als normal galt, für übersteigert, ja für die eigentliche Ursache der Neurosen. Damit stellte er aber nicht das geltende Menschenbild in Frage, sondern suchte, wie es alle liberalen Reformer tun, die Last, an der die Menschen zu tragen haben, im Rahmen der traditionellen Auffassungen vom Menschen und von der menschlichen Gesellschaft zu erleichtern.

Ebenso wie Freuds *theoretische* Vorstellungen vom Wesen

des Menschen im Prinzip den von der Mehrzahl seiner Zeitgenossen akzeptierten entsprachen, zeigten sich auch in seiner *politischen* Haltung keine entscheidenden Abweichungen. Das gilt vor allem für seine Haltung gegenüber dem Ersten Weltkrieg, während sich doch damals gerade an der Stellung zum Krieg das Herz, die Vernunft und der Realitätssinn der Menschen zu bewähren hatten. Jones schreibt aufgrund eines Briefes Freuds an Abraham vom 26. 7. 1914 darüber:

>»Freuds unmittelbare Reaktion auf die Kriegserklärung war unerwartet. Man hätte annehmen können, daß ein friedlicher Gelehrter von achtundfünfzig Jahren nur mit Abscheu darauf reagieren werde, wie es so viele auch taten. Seine erste Reaktion war im Gegenteil eher ein jugendlicher Enthusiasmus, anscheinend das Wiederaufleben der militärischen Begeisterung seiner Knabenzeit. Er fand sogar in Berchtolds [Österreichs Außenminister] ungeschickter Handlung ›das Befreiende der mutigen Tat‹ und sagte, er fühle sich zum erstenmal seit dreißig Jahren als Österreicher ... Er war ganz mitgerissen, konnte nicht an Arbeit denken und verbrachte die ganze Zeit damit, mit seinem Bruder Alexander über die Tagesereignisse zu sprechen. Er drückte es so aus: ›Meine ganze Libido gehört Österreich-Ungarn.‹« (E. Jones, 1960-1962, Bd. 2, S. 207.)

Bezeichnenderweise verglich Freud die Kriegsereignisse mit dem »Krieg« innerhalb seiner Bewegung. Im August 1914 schrieb er in einem Brief an Eduard Hitschmann: »Den Feldzug gegen die Schweizer haben wir gewonnen; ob die anderen ihre Kriege siegreich beenden werden, und zwar so lange wir das Warten aushalten? Wir wollen es intensiv hoffen. Der deutsche Furor scheint dafür zu bürgen, und die österreichische Wiedergeburt es zu versprechen.« (a.a.O.) Es ist charakteristisch für Jones Idolisierung, aber auch für einen orthodoxen Standpunkt, daß er das moralische und politische Problem, das in Freuds kriegerischem Enthusiasmus steckt, als harmloses »Wiederaufleben« des Interesses an Kriegsereignis-

Religiöse und politische Überzeugungen   95

sen deutet, das Freud als zehn- oder vierzehnjähriger Junge zeigte. Das »Unerwartete« scheint dem Biographen so peinlich zu sein, daß er es mit der Bemerkung abzuschwächen sucht: »Diese Stimmung dauerte jedoch nicht viel länger als zwei Wochen, und dann kam Freud wieder zu sich selbst. (a.a.O., S. 208.) Jones' weitere Darstellung läßt jedoch keinen Zweifel daran, daß dies keineswegs der Fall war. »Zu sich selbst« kam Freud nur in bezug auf seine Österreich-Begeisterung, und auch das aus Motiven, die schwerlich als vernünftig angesehen werden können: »Kurioserweise war das, was die Gefühlswendung bei Freud zustande brachte, seine Verachtung für sein neu adoptiertes Vaterland, das in seiner Kampagne gegen Serbien seine Unfähigkeit bewies.« (a.a.O.) In bezug auf Deutschland dauerte es nicht zwei Wochen, sondern einige Jahre, ehe Freud seinen Enthusiasmus aufgab. Noch am 22. März 1918 schrieb er an Karl Abraham, man müsse doch wohl einen deutschen Sieg wünschen, obgleich ihm dies unwahrscheinlich sei. (Vgl. a.a.O., S. 235.) Erst in der allerletzten Phase des Krieges gelang es Freud, seine Illusionen zu überwinden. Im Gegensatz zu vielen anderen hatte das Erlebnis des Ersten Weltkriegs und wahrscheinlich auch seine eigene Selbsttäuschung eine tiefe und klärende Wirkung. In den frühen dreißiger Jahren gab es einen bemerkenswerten Briefwechsel zwischen ihm und Albert Einstein über die Frage, ob zukünftige Kriege auf irgendeine Weise verhindert werden könnten. Er bezeichnet sich und Einstein als Pazifisten und weist sich unmißverständlich als Kriegsgegner aus. Er glaubt, daß die Bereitschaft des Menschen zum Krieg im Todestrieb verwurzelt ist, und stellt fest, daß die destruktiven Tendenzen mit zunehmender Kultur immer mehr internalisiert werden, und zwar im Über-Ich. Freud gibt der Hoffnung Ausdruck, es sei vielleicht keine Utopie, daß die Internalisierung der Aggression und der Horror vor der Verwüstung durch einen weiteren Krieg allem Kriegführen in absehbarer Zeit ein Ende setzen könne. (Vgl. S. Freud, 1933b, S. 22.) Allerdings bringt Freud in dem Brief an Einstein – wie schon vorher in *Die Zukunft einer Illusion* (1927c) – zugleich eine politische Haltung zum Ausdruck, die mit liberalen Positionen kaum noch etwas gemein hat. »Es ist ein Stück der angeborenen und nicht zu beseitigenden Ungleichheit der Menschen, daß sie in Führer und Abhängige zerfallen. Die letzteren sind die übergroße Mehrheit, sie bedürfen einer Autorität, welche für sie Entscheidungen fällt, denen sie sich meist bedingungslos unterwerfen.« (S. Freud, 1933b, S. 24.) Die einzige Hoffnung bestehe darin, daß diese Elite eine Aristokratie von Männern sei, die ihren Verstand gebrauchen können und furchtlos für die Wahrheit kämpfen. »Der ideale Zustand wäre natürlich eine Gemeinschaft von Menschen, die ihr Triebleben der Diktatur der Vernunft unterworfen haben.« (a.a.O.)

Deutlicher denn je verbindet sich hier Freuds grundlegendes Ideal der Triebbeherrschung durch die Vernunft mit der festen Überzeugung, daß der Durchschnittsmensch unfähig sei, sein eigenes Geschick zu meistern. Dies ist einer der tragischen Aspekte in Freuds Leben: Ein Jahr vor dem Sieg Hitlers verzweifelt er an der Lebensfähigkeit der Demokratie und sieht als Hoffnung nur noch die Diktatur einer Elite von mutigen Männern, die sich die Befriedigung ihrer Triebwünsche versagen. Heißt das nicht, daß nur eine Elite, die sich einer Psychoanalyse unterzogen hat, die träge Masse leiten und beherrschen kann?

10 Zusammenfassung und Schlußfolgerungen

In der vorausgehenden Analyse habe ich zu zeigen versucht, daß das Ziel Freuds die Gründung einer Bewegung für die sittliche Befreiung des Menschen war. Er wollte eine neue säkulare und zugleich wissenschaftliche Religion für eine Elite, die die Menschheit führen sollte, begründen. Freuds messianische Impulse allein hätten allerdings aus der Psychoanalyse keine Bewegung machen können, hätte eine solche Entwicklung nicht den Bedürfnissen seiner Anhänger und denen einer größeren Öffentlichkeit entsprochen, die sich mit großem Enthusiasmus von der Psychoanalyse angezogen fühlten.

Was für Menschen waren denn seine ersten loyalen Schüler, die Inhaber der sechs Ringe? Es waren städtische Intellektuelle, die sich nach einer Bindung an ein Ideal, an einen Führer, an eine Bewegung sehnten, aber kein bestimmtes religiöses, politisches oder weltanschauliches Ideal oder ähnliche Überzeugungen mitbrachten; keiner von ihnen war Sozialist, Zionist, Katholik oder orthodoxer Jude. (Nur Eitington dürfte gewisse Sympathien für den Zionismus gehabt haben.) Ihre Religion war die psychoanalytische Bewegung. Aus ähnlichen Verhältnissen kam der wachsende Kreis der praktizierenden Psychoanalytiker; die meisten von ihnen waren mittelständische Intellektuelle ohne ausgeprägte religiöse, politische oder weltanschauliche Interessen und Bindungen. Die große Popularität, die sich die Psychoanalyse seit dem Anfang der dreißiger Jahre in den meisten westlichen Ländern und vor allem in den Vereinigten Staaten erworben hatte, war auf der selben gesellschaftlichen Grundlage gewachsen. Da haben wir es mit einer Mittelschicht zu tun, für die das Leben seinen Sinn verloren hatte. Politische und religiöse Ideale waren ihnen abhanden gekommen; um so ratloser suchten sie nach Sinn und Inhalt des Lebens, nach einer Idee, der man sich verschreiben könnte, nach einer Lebensdeutung, die jedem Anhänger, ohne von ihm Glauben oder Opfer zu verlangen, die Möglichkeit gäbe, sich

98 Erich Fromm: Sigmund Freud

als Teil einer Gemeinschaft zu fühlen. Diese Bedürfnisse er-
füllte die ›psychoanalytische Bewegung‹. (Vgl. H. W. Puner,
1943, S. 104.)

Der neuen Religion ist es freilich nicht anders ergangen als
den meisten religiösen Bewegungen. Schnell vergeht die ur-
sprüngliche Begeisterung, Frische, Spontaneität; es bildet sich
eine Hierarchie, deren Stärke darin liegt, daß sie das Dogma
»richtig« auszulegen weiß und darüber befinden darf, wer als
getreuer Bekenner des neuen Glaubens zu gelten habe und wer
nicht. Es dauert nicht lange, und an die Stelle von Kreativität
und Spontaneität sind Dogma, Riten und Führerkult getreten.
Die gewaltige Rolle des *Dogmas* in der orthodoxen Psychoanalyse bedarf kaum eines Beweises. Über das hinaus, was Freud
selbst an theoretisch Neuem brachte, hat es in fünfzig Jahren
eine theoretische Weiterentwicklung nur in bescheidenem Um-
fang gegeben.* Im wesentlichen begnügte man sich damit,
Freuds Theorien an Hand klinischen Materials zu illustrieren,
wobei man in erster Linie um den Beweis bemüht war, daß
Freud in allem recht gehabt habe, und anderen theoretischen
Überlegungen so gut wie gar kein Interesse entgegenbrachte.
Auch die selbständigste Entwicklung, die im psychoanalytischen Denken nach Freud zu verzeichnen gewesen ist, die stärkere Betonung der Rolle des Ichs, scheint sich darin zu er-
schöpfen, daß altbekannte Erkenntnisse in Kategorien der
Freudschen Theorie neu formuliert werden, ohne daß sich daraus neue Ausblicke ergäben. Das Überwiegen des Dogmatis-
mus zeigt sich indes nicht nur in einer gewissen Sterilität des
»offiziellen« psychoanalytischen Denkens, sondern vor allem

---

*Die einzige große schöpferische Revision, die das psychoanalytische Denken je
gekannt hat, die Einführung des Lebens- und Todestriebes, stammt von Freud
selbst und ist weder von allen orthodoxen Analytikern ganz akzeptiert noch wei-
terentwickelt worden. Freud seinerseits hat eine gründliche Revision seiner älteren mechanistischen Konzeptionen, wie sie von der neuen theoretischen Position
aus erforderlich gewesen wäre, nie unternommen. Angesichts des begrenzten
Rahmens der vorliegenden Arbeit beziehe ich mich darum nur auf das ursprüng-
liche Gebilde der Freudschen Lehre, wie sie von Freud vor der Einführung des
Todestriebes konzipiert worden war.

Zusammenfassung und Schlußfolgerungen 99

auch in seinen Reaktionen auf alle Abweichungen von der geltenden Lehrmeinung. Ein besonders krasses Beispiel – Freuds Reaktion auf die Gedankengänge Ferenczis, wonach der Patient zur Heilung auch der Liebe bedürfe – habe ich bereits angeführt. Darin kam aber nur etwas zum Ausdruck, was sich in der psychoanalytischen Bewegung überall und seit jeher abspielt. Analytiker, die Freuds Gedanken ausdrücklich, unverhüllt und öffentlich kritisieren, gelten als Abtrünnige, auch wenn sie nicht die Absicht haben, eigene »Schulen« zu gründen, sondern lediglich die Ergebnisse ihres von Freud ausgehenden Denkens und ihrer auf Freud beruhenden Beobachtungen darstellen.

Nicht minder offensichtlich ist die Bedeutung des *Rituals* in der orthodoxen Analyse. Die Couch mit dem Analytikerstuhl dahinter, die vier oder fünf wöchentlichen Analysestunden, das Schweigen, das der Analytiker bewahrt, außer wenn er die Aussagen des Patienten »deutet«: alle diese Faktoren, die vielleicht einmal zweckdienlich gewesen sein mögen, sind zu einem geheiligten Ritual geworden, ohne das die orthodoxe Analyse nicht mehr denkbar ist. Das treffendste Beispiel ist wohl die Couch. Freud hatte sie gewählt, weil er »nicht acht Stunden täglich ... angestarrt« werden wollte (S. Freud, 1913c, S. 467). Später kamen andere Gründe hinzu: Da der Patient nicht sehen solle, wie der Analytiker auf seine Äußerungen reagiert, sei es besser, daß der Analytiker hinter ihm sitze. Oder: Der Patient fühle sich freier und entspannter, wenn er den Analytiker nicht anzusehen brauche: oder schließlich (vor allem in neuerer Zeit betont): die »Couch-Situation« versetze den Patienten in eine infantile Lage und begünstige damit das Zustandekommen der Übertragung. Welche Durchschlagkraft solchen Argumenten – ich halte sie nicht für stichhaltig – auch zukommen mag: Diskutierte man über therapeutische Technik unter normalen Voraussetzungen, so ließe sich auch über sie reden. Im Rahmen der psychoanalytischen Orthodoxie genügt dagegen schon der Verzicht auf die Couch zum Beweise dafür, daß man von der richtigen Lehre abgefallen und kein eigentlicher Analytiker mehr sei. Es ist auch nicht zu leugnen, daß sich viele Patienten gerade durch das Ritual angezogen fühlen: Es vermittelt ihnen das Gefühl der Teilhabe an der »Bewegung«: sie fühlen sich in gewissem Sinne solidarisch mit allen, die analysiert werden, und denen überlegen, die nicht in die Analyse gehen. Das Interesse an der eigenen Heilung ist ihnen oft viel weniger wichtig als das freudige Erlebnis, eine geistige Heimat gefunden zu haben.

Die *Idolisierung der Person Freuds* rundet das Bild des quasi-politischen Charakters der Bewegung ab. Hier kann ich mich kurz fassen. Es genügt, wenn ich mich auf die Verklärung der Gestalt Freuds in Jones' großem biographischem Werk berufe: Jones verleugnet Freuds brennendes Verlangen nach öffentlicher Anerkennung, seine autoritäre Haltung, seine menschlichen Schwächen. Ein anderes bekanntes Symptom derselben Haltung zeigt sich in der Gepflogenheit vieler orthodoxer Freudianer, ihre wissenschaftlichen Abhandlungen mit endlosen Beteuerungen zu versehen, daß Freud das, was sie sagen wollen, längst gesagt habe: zur Klärung des Sachverhalts trugen die zahlreichen Zitationen jedoch selten etwas bei.

Die psychoanalytische Bewegung war von vornherein als eine quasi-religiöse Bewegung, die sich auf eine psychologische Theorie stützen und mit psychotherapeutischen Mitteln verwirklicht werden sollte, gedacht und ist tatsächlich zu einer solchen quasi-religiösen Bewegung geworden. Grundsätzlich ist dies legitim. Die hier geäußerte Kritik richtet sich gegen die Irrtümer und die Begrenztheit in ihrer weiteren Entwicklung. Zunächst einmal litt die psychoanalytische Bewegung genau an dem Leiden, das sie heilen will, an der Verdrängung nämlich. Weder sich selbst noch anderen haben Freud und seine Anhänger je zugegeben, daß sie etwas anderes – und mehr – im Auge hatten als bloß wissenschaftliche und therapeutische Erfolge. Sie verdrängten ihren Ehrgeiz, die Welt mit ihrem messianischen Erlösungsideal zu erobern, und weil sie das verdrängten, verfingen sie sich in Zweideutigkeiten und Unehrlichkeiten, wie sie unweigerlich aus solchen Verdrängungen erwachsen. Ein zweites Gebrechen der psychoanalytischen Bewegung liegt in ihrem autoritären und fanatischen Charakter, welcher die fruchtbare Weiterentwicklung einer Theorie vom

Zusammenfassung und Schlußfolgerungen   101

Menschen verhinderte und zu einer verfestigten Bürokratie führte, die zwar Freuds Namen erbte, aber weder seine Kreativität noch den Radikalismus der ursprünglichen Lehre besaß.

Wichtiger als das bisher Gesagte ist jedoch die *Idee selbst.* Freuds große Entdeckung, die Entdeckung des Unbewußten als einer neuen Dimension der menschlichen Realität ist ein Element in einer Bewegung, die auf die Veränderung des Menschen hinzielt. Aber diese Entdeckung wurde auf eine verhängnisvolle Weise auf einen schmalen Bereich der Wirklichkeit, auf die libidinösen Strebungen und ihre Verdrängung, beschränkt. Auf die umfassendere Wirklichkeit der menschlichen Existenz und auf soziale und politische Phänomene wurde sie nicht bezogen. Die meisten Psychoanalytiker – das gilt auch für Freud – waren und sind gegenüber den Realitäten des menschlichen Daseins und den unbewußten gesellschaftlichen Erscheinungen nicht weniger blind als andere Angehörige ihrer Gesellschaftsklasse. Eigentlich sind sie insofern sogar noch blinder, als sie im Schema der Verdrängung der Libido einen Schlüssel für *alle* Lebensprobleme gefunden zu haben glauben. Aber man kann nicht einige Bereiche der menschlichen Realität mit Scharfblick erfassen, wenn man in anderen blind bleibt, zumal die Verdrängung selbst in all ihren Elementen ein gesellschaftliches Phänomen ist.

In jeder Gesellschaft verdrängt der Einzelmensch das Wissen um die Gefühle und Phantasien, die sich mit den geltenden Gedanken und Vorstellungen seiner Gesellschaft nicht vereinbaren lassen. Der Faktor, der diese Verdrängung bewirkt, ist die Angst davor, daß man sich isoliert, daß man ausgestoßen wird, wenn man Gedanken und Gefühlen nachgibt, die andere nicht teilen. (In ihrer extremen Form ist die Angst vor der völligen Isolierung nichts anderes als die Angst vor dem Wahnsinn.) Angesichts dieses Sachverhalts ist es für den Psychoanalytiker ein unabweisbares Gebot, sich von den hergebrachten Denkschemata der Gesellschaft, in der er lebt, zu lösen, sie kritisch zu betrachten und die Realität zu entschleiern, die diese Gedankengefüge hervorbringt. *Will man das Unbewußte des einzelnen verstehen, so muß man seine Gesellschaft einer kriti-*

schen Analyse unterwerfen. Indes ist die Freudsche Psychoanalyse über die Schranken der bürgerlich-liberalen gesellschaftlichen Einstellung gutsituierter Mittelschichten kaum je hinausgekommen, und darin lag eine der Ursachen ihrer Enge und später auch ihres Stagnierens auf ihrem ureigensten Gebiet, dem Verstehen des individuellen Unbewußten. (Im Negativen besteht übrigens eine eigenartige Parallele zwischen orthodox Freudscher und orthodox marxistischer Theorie: die Freudianer sahen das Unbewußte des einzelnen, waren aber blind genüber dem Unbewußten der Gesellschaft; umgekehrt durchschauten die orthodoxen Marxisten die unbewußten Faktoren im gesellschaftlichen Verhalten, waren aber erstaunlich blind in der Beurteilung der im einzelnen wirkenden Motive. Das hat zu einer Beeinträchtigung der marxistischen Theorie und Praxis geführt, genau wie das umgekehrte Phänomen zur Beeinträchtigung der psychoanalytischen Theorie und Therapie geführt hat. Daß es dazu gekommen ist, kann niemanden wundern. Ob man die Gesellschaft oder ob man das Individuum zu verstehen sucht: In beiden Fällen hat man es mit menschlichen Lebewesen zu tun, und deshalb mit unbewußten Motivationen, die ihr Verhalten bestimmen. Man kann den Menschen als Einzelwesen nicht vom Menschen als gesellschaftlichem Wesen trennen; tut man es dennoch, so hat man sich selbst dazu verurteilt, den Menschen weder in der einen noch in der anderen Dimension zu verstehen.)

Wie kann man nach alledem die Rolle beurteilen, die die Freudsche Psychoanalyse seit dem Beginn des 20. Jahrhunderts gespielt hat?

Zunächst ist festzuhalten, daß die Psychoanalyse in ihren Anfängen – etwa von der Jahrhundertwende bis zu den zwanziger Jahren – viel radikaler war als in der späteren Periode, in der sie immer mehr an Popularität gewinnen sollte. Für das Bürgertum, das seine Erziehung in der viktorianischen Zeit empfangen hatte, waren Freuds Aussagen über die infantile Sexualität, über die pathologischen Folgen der Sexualverdrängung u.ä. schwere Verstöße gegen unerschütterliche Tabus; es gehörte eine ganze Portion Mut und Unabhängigkeit dazu,

Zusammenfassung und Schlußfolgerungen 103

sich über diese Tabus hinwegzusetzen. Dreißig Jahre später wirkten dieselben Theorien weder schreckerregend noch provozierend: Mit den zwanziger Jahren war eine Welle sexueller Libertinage emporgekommen, und die viktorianischen Moralvorschriften waren in weitem Maß verlassen worden. So fand die psychoanalytische Theorie großen Anklang in allen gesellschaftlichen Gruppierungen, die echten Radikalismus, d. h. das »Vordringen bis zu den Wurzeln«, ablehnten, aber sich mit großem Eifer darin übten, die konservativen Sitten des 19. Jahrhunderts anzugreifen und umzuwerfen. Diesen von liberalen Strömungen mehr oder minder beeinflußten Kreisen öffnete die Psychoanalyse einen willkommenen Weg der Mitte, der zwischen humanistischem Radikalismus und konservativ-viktorianischen Haltungen hindurchführte. Die Psychoanalyse wurde zur Ersatzbefriedigung für ein tiefes menschliches Verlangen; einen Lebenssinn zu finden, mit der Realität wirklich in Berührung zu kommen, von Entstellungen und Projektionen freizuwerden, die als Schleier zwischen uns und der Realität wirken. Die Psychoanalyse wurde zum Religionsersatz für Teile der städtischen Mittel- und Oberschichten, die eine gründlichere, mühevollere Suche scheuten. In der psychoanalytischen Bewegung fanden sie alles: ein Dogma, ein Ritual, einen Führer, eine Hierarchie und sogar das Gefühl, im Vollbesitz der Wahrheit und den Uneingeweihten überlegen zu sein; das alles ohne übermäßige Anstrengung, aber auch ohne tieferes Eindringen in die Probleme der menschlichen Existenz, ohne wirklichen Einblick in die Struktur und Kritik der eigenen Gesellschaft mit ihrer Verkrüppelung des Menschen, und ohne den eigenen Charakter verändern und Gier, Aggressivität und Unvernunft überwinden zu müssen. Das einzige, was man loszuwerden suchte, waren bestimmte libidinöse Fixierungen und ihre Übertragung; das mag zwar mitunter überaus wichtig sein, aber man erzielt damit nicht die Charakterumbildung, ohne die sich eine echte Beziehung zur Realität nicht herstellen läßt. Aus einer kühnen, vorwärtsstrebenden Idee wurde die Psychoanalyse zum bequemen Glaubenssatz für verängstigte und isolierte Mitglieder der Mittelschicht, denen konventionellere religiöse und soziale Bestrebungen keinen sicheren Ha-

104   Erich Fromm: Sigmund Freud

fen boten. Im Niedergang der Psychoanalyse spiegelte sich der
Vorfall des Liberalismus.

Nicht selten wird der Wandel in den sexuellen Bräuchen,
der nach dem Ersten Weltkrieg zu beobachten war, auf die zunehmende Ausbreitung der psychoanalytischen Lehren zurückgeführt. Mir scheint, daß diese Vermutung in keiner Weise
zutrifft. Daß Freud nie ein Fürsprecher eines sexuellen Liberti-
nismus war, braucht heute kaum noch gesagt zu werden. Ich
glaube deutlich genug dargetan zu haben, daß er vielmehr die
Beherrschung der Leidenschaften durch die Vernunft an-
strebte und in seiner persönlichen Haltung zu sexuellen Dingen den Idealen der viktorianischen Sexualmoral vollauf gerecht wurde. Soweit er die viktorianische Sexualmoral als zu
streng anfocht, weil er sah, daß sie manche Neurosen hervor-
brachte, war er ein liberaler Reformer. Was ihm vorschwebte,
war aber etwas ganz anderes als die Art sexuelle Freiheit, der
die zwanziger Jahre den Weg geebnet haben.

Diese neuen sexuellen Sitten haben viele Wurzeln: die wich-
tigste liegt in einer neuen Lebenseinstellung, die der moderne
Kapitalismus in den letzten Jahrzehnten hervorgebracht hat:
das Verlangen nach ständig steigendem Konsum. Im 19. Jahrhundert herrschte in der Mittelschicht das Prinzip des Sparens,
im 20. Jahrhundert dagegen gehorcht sie der Herrschaft des
Konsums, und zwar des sofortigen Konsums, ohne die Befriedigung eines jeden Wunsches länger als unbedingt nötig hin-
auszuschieben. (Vgl. dazu A. Huxley, 1946, und E. Fromm,
1955a.) Das gilt für den Verzehr von Waren ebenso wie für die
Befriedigung sexueller Bedürfnisse. In einer Gesellschaft aber,
in der sich alles darum dreht, daß alle Bedürfnisse möglichst
bald und möglichst ausgiebig befriedigt werden, kann es zwischen den einzelnen Bedürfnisbereichen keine allzu erhebli-
chen Unterschiede geben. Psychoanalytische Theorien haben
diese Entwicklung nicht ausgelöst, sie haben ihr nur, soweit es
um die sexuellen Bedürfnisse ging, bequeme Rationalisierungen geliefert: Wenn Neurosen dadurch entstehen, daß Bedürfnisse verdrängt werden oder ihre Befriedigung versagt wird,
dürfen Frustrationen unter keinen Umständen geduldet werden! Genau dasselbe wird uns ja auch täglich und stündlich

Zusammenfassung und Schlußfolgerungen   105

von der Werbung vorgepredigt. So verdankt die Psychoanalyse ihre Popularität als Verkünderin sexueller Freiheit eher der neuen Konsumleidenschaft, als daß sie selbst die Urheberin der neuen Sexualmoral gewesen wäre.

Denkt man daran, daß die Bewegung ihr Ziel darin sah, den Menschen dazu zu bringen, seine irrationalen Leidenschaften mit Hilfe der Vernunft zu kontrollieren, so zeigt dieser Mißbrauch der Psychoanalyse die tragische Niederlage einer Hoffnung Freuds. Zwar wich die Libertinage der zwanziger Jahre in den folgenden Jahren konservativeren Sitten, aber auch der Wandel der sexuellen Bräuche und Moralvorstellungen, wie er sich noch vor Freuds Augen vollzog, entsprach keineswegs dem, was er sich als wünschenswerte Auswirkung seiner Bewegung erhofft hatte.

Noch tragischer mußte es für Freud sein, daß die Vernunft, die Göttin des 19. Jahrhunderts, deren Sieg über den Menschen die Psychoanalyse so leidenschaftlich angestrebt hatte, in den großen Schlachten zwischen 1914 und 1939 verloren hatte. Der Erste Weltkrieg, der Sieg des Stalinismus und des Nazismus, der Ausbruch des Zweiten Weltkrieges – eine ganze Kette von Niederlagen für die Vernunft und für einen gesunden Geist. Freud, der stolze Führer der Bewegung, die eine neue Welt der Vernunft hatte aufrichten wollen, sah vor seinen Augen die Ära einer ständig anwachsenden gesellschaftlichen Geisteskrankheit anbrechen.

Dem letzten großen Vertreter des Rationalismus war das tragische Schicksal beschieden, daß sein Leben zu einer Zeit zu Ende ging, da der Rationalismus den irrationalsten Kräften erlag, die die westliche Welt seit den Zeiten der Hexenverfolgungen erlebt hatte. Gewiß kann nur die Geschichte das endgültige Urteil sprechen. Doch scheint mir die Tatsache, daß Freud sein Leben in dem Wahnsinn der Hitlerzeit und des Stalinismus und an der Schwelle des großen Holocaust des Zweiten Weltkriegs beschließen mußte, eher das Tragische in seinem persönlichen Lebensweg zu symbolisieren als ein wirkliches Scheitern seiner Mission. Es ist allerdings nicht zu bestreiten, daß seine Bewegung auf die Stufe einer neuen Religion für manche Menschen, die in einer Welt voller Angst und Wirrnis Zuspruch brauchen, hinabgesunken ist. Aber was ändert das daran, daß das westliche Denken die Saat der Freudschen Entdeckungen in sich birgt und daß seine Zukunft undenkbar ist, ohne daß diese Saat aufgeht? Ich meine damit nicht nur die offensichtliche Tatsache, daß Freud mit der Entdeckung des Unbewußten und dessen Wirkweisen in Träumen, Symptomen, Charakterzügen, Mythen und Religionen, sowie der Bedeutung der frühen Kindheitserlebnisse für die Charakterbildung und mancher anderen, möglicherweise weniger grundlegenden Zusammenhänge, die psychologische Theorie auf ein neues Fundament gestellt hat. Ich denke darüber hinaus an Freuds gewaltigen allgemeinen Einfluß auf das westliche Denken in seiner Gesamtheit.

Freud stellt einen Höhepunkt des Rationalismus dar. Zugleich war er aber auch derjenige, der dem Rationalismus einen vernichtenden Schlag zugefügt hat. Er war es, der gezeigt hat, daß die Quellen menschlichen Handelns im Unbewußten liegen, in einer Tiefe, die sich dem Auge des Beobachters nie ganz erschließt, und daß das Verhalten des Menschen von seinem bewußten Denken nur in geringem Maße gelenkt wird. Damit zerstörte er das rationalistische Bild von einem menschlichen Intellekt, der unbeschränkt und unangefochten die Bühne beherrscht. In dieser Hinsicht – in seiner Vision von der Übermacht der Kräfte der »Unterwelt« – war Freud ein Erbe der Romantik; der Rationalist vollzog das Vermächtnis einer Bewegung, die in die Sphäre des Nichtrationalen hatte eindringen wollen. So ist Freuds Standort in der geschichtlichen Entwicklung dadurch gekennzeichnet, daß er die beiden gegensätzlichen Kräfte, die im westlichen Denken im 18. und 19. Jahrhundert dominierten: den Rationalismus und die Romantik, zu einer Synthese brachte.

In ihrer vollen Größe tritt jedoch Freuds historische Bedeutung erst hervor, wenn wir noch einen Schritt weiter gehen. Freuds gesamte Art, den Menschen zu sehen, war ein Teil – ja vielleicht die Vollendung – der für das abendländische Denken seit dem 17. Jahrhundert wesentlichsten Tendenz, des Ver-

Zusammenfassung und Schlußfolgerungen   107

suchs nämlich, die Realität zu erfassen, eine unmittelbare Beziehung zu ihr herzustellen und den Menschen von den Illusionen zu befreien, die die Wirklichkeit verschleiern und entstellen. Das Fundament für dieses Bemühen hatte bereits Spinoza mit seiner neuen Auffassung der Psychologie gelegt, in der der menschliche Geist als Teil der Natur, in seiner Wirksamkeit den Naturgesetzen unterworfen, begriffen wurde. In derselben Richtung stießen die Naturwissenschaften vor, und ihre Erkenntnisse führten zu radikal neuen Einblicken in das Wesen der Materie. Weitere Etappen auf dem Weg zum unentstellten und unmittelbaren Erfassen der Wirklichkeit sind durch die Namen Kant, Nietzsche, Marx, Darwin, Kierkegaard, Bergson, Joyce, Picasso gekennzeichnet. Sosehr sich diese Denker voneinander unterscheiden mögen, sie alle sind der Ausdruck des leidenschaftlichen Dranges, mit dem der abendländische Mensch danach strebte, falsche Götter zu entthronen, Illusionen zu zerreißen, sich selbst und die Welt als Teile der gesamten Wirklichkeit zu begreifen. Das ist auf der intellektuellen Ebene das Ziel der Wissenschaft. Auf der Erfahrungsebene sind das Ziel die reinsten und rationalsten Formen der monotheistischen und insbesondere der östlichen nicht-theistischen Mystik.

Freuds Entdeckungen sind ein integraler Bestandteil dieser Befreiungsbewegung. Mag eine verängstigte Generation, die das für Freud charakteristische leidenschaftliche Verlangen, die Wirklichkeit zu begreifen, eingebüßt hat, diese Entdeckungen zu neuen Rationalisierungen umgemünzt haben – wenn die Menschheit die finstere Zeit der Irrationalität und des Wahnsinns, die wir durchmachen, übersteht, wird ihre künftige Entwicklung mit den neuen Einsichten, die Freud erschlossen hat, unzertrennlich verbunden sein.

Am Ende dieses Buches, das sich mit Freuds Persönlichkeit und seiner Wirkung befaßt, sollten wir nochmals auf die überragende Gestalt Freuds blicken, die Legenden, Idolisierungen und Feindseligkeiten vergessen, die sein Bild verdunkeln und ihn als jenes menschliche Wesen sehen, das er war. Wir erblicken dann einen Menschen von leidenschaftlichem Wahrheitsdurst, erfüllt von unbändigem Glauben an die Vernunft und mit dem unbezähmbaren Mut, alles auf diesen Glauben zu setzen. Wir entdecken einen Menschen, der mütterlicher Liebe, Schutz und Bewunderung sehnlichst bedarf und, wenn sie ihm gewährt werden, voller Selbstvertrauen ist, aber in Depression und Hoffnungslosigkeit verfällt, wenn sie ausbleiben. Diese Unsicherheit, die sich in Emotionen wie im Materiellen auswirkt, ließ ihn danach streben, andere, die von ihm abhängig sind, zu beherrschen, damit er sich seinerseits an sie anlehnen, auf sie stützen kann. Dieselbe Unsicherheit mag auch der Faktor sein, der ihn veranlaßte, seine Energien darauf zu verwenden, von der Umwelt beachtet zu werden. Er glaubte, daß er über Geltung und Anerkennung erhaben sei, aber das Bedürfnis nach Anerkennung und Ruhm war ein ebenso mächtiges Bestreben in seiner Persönlichkeit, wie die Erbitterung, die er empfand, wenn seine Erwartungen nicht in Erfüllung gehen.

Freuds offensives Vorgehen der Welt gegenüber war energisch. Seine Verteidigung war eine Umgehungsstrategie, die sich durch Tempo und durchschlagende Wirkung auszeichnete. Das Leben erschien ihm als geistiges Rätsel, das er mit seinem überragenden Intellekt zu lösen entschlossen war. In den Ideen, mit denen er arbeitete, suchte er nach tieferen Werten und Sinn. Der innere Kampf zwischen einem übersteigerten Ehrgeiz und seiner Rangordnung der Werte brachte ihn oft in Konflikt und bewirkten eine an Agonie grenzende Seelentätigkeit. Und da gab es die melancholische Ahnung, daß der Erfolg zu teuer erkauft wurde.

Freud war imstande, mit einem enthusiastischen Aufwand an Energie zu handeln, in den all seine Kraft einging. Er war von einem unersättlichen Verlangen erfüllt, auf allen Sachgebieten und in allen menschlichen Beziehungen zu experimentieren. In oft kleinlichen Streitigkeiten setzte er sich gegen Menschen durch, die seine Ideen und seine Hilfe nicht schätzten. Er empfand instinktiv, daß er viel zu leicht zu beeindrukken war, und in dem Bemühen, unabhängiger zu erscheinen, als er war, stritt er sich aus nichtigen Anlässen mit denen, die auf ihn den tiefsten Eindruck machten.

Energie und Ehrgeiz lagen ständig in Streit. Feindseligkeit und Ärger brachten ihn leichter aus der Fassung als jeden

Zusammenfassung und Schlußfolgerungen 109

Durchschnittsbürger, obschon er sich besser beherrschen konnte als die meisten Menschen. Er konnte diplomatisch und nachgiebig sein, und dennoch war er einer der undiplomatischsten Menschen, die man sich vorstellen kann, oft starrköpfig, oft bereit, manches nur zu tun, um den Eklat zu erleben.

Freud hatte die große Begabung, sich nach Bedarf zu konzentrieren und viele Dinge zu meistern. Die besten Bekundungen dieser Begabung machten ihn Goethes Universalmenschen ähnlich, die schlechtesten ließen ihn zum Dilettanten werden. Aber auch dann brachte er es noch fertig, dem mißratenen Versuch etwas abzugewinnen und ein Ergebnis zu erzielen. Er hatte einen wachen Sinn für weitgespannte Möglichkeiten und Zielsetzungen. Situationen von großer Tragweite und mit vielen Entfaltungsmöglichkeiten interessierten und ermutigten ihn. Aber er wollte unabhängig sein. Er wehrte sich mit Gewalt gegen jede Beeinflussung, gegen jeden Eingriff von außen. Das verleitete ihn manchmal zu Arroganz und Exzentrizität; aber er war auch von einer ungewöhnlichen Sensibilität und Feinheit des Empfindens, die ihn befähigten, sich in einen Widersacher zu versetzen und das Vorgehen des Gegners vorauszuahnen. Er schwankte zwischen der Fähigkeit, das Wissen um den Menschen grenzenlos auszuweiten, und einer hoffnungslos voreingenommenen und phantastischen Behandlung von Menschen und Ideen. Es war ihm gegeben, in anderen Begeisterung und blinde Ergebenheit zu erwecken, sich zum dramatischen Anziehungspunkt zu machen. Er konnte genial sein, aber er konnte auch wie ein Fanatiker handeln. Er hatte das außergewöhnliche Talent, das, was er sich vornahm, durch rücksichtsloses Ausschalten aller Nebeninteressen und aller zeitraubenden persönlichen Vorlieben bis zu Vollendung zu führen.

Freud war kein Mensch, der liebte. Er war egozentrisch, von der Idee seiner Mission besessen und darauf aus, daß andere ihm folgten, ihm dienten, ihm Unabhängigkeit und intellektuelle Freiheit opferten. Die Welt war für ihn eine Bühne, auf der das Drama der psychoanalytischen Bewegung und seiner Mission spielten. Er war nicht stolz auf sich als Person, aber er war stolz auf seine Mission, auf die Größe seiner Sache und auf sich selbst als den Träger der Botschaft. Er lebte das Leben in steter Angst, das zu verlieren, was ihn freute. Also mied er Lust und Freude und setzte sich die Beherrschung aller Leidenschaften, aller Empfindungen, aller Gefühle durch den Willen und die Vernunft zum Ziel. Sein Ideal war der selbstgenügsame und sich selbst beherrschende Mensch, der – hoch über der Menge – auf die Freuden des Lebens verzichtet, aber sich in der Sicherheit wiegt, daß ihn niemand und nichts verwunden kann. Er war unmäßig in seinen Beziehungen zu anderen, unmäßig in seinem Ehrgeiz und paradoxerweise auch unmäßig in seiner Genügsamkeit.

Freud war ein einsamer Mensch. Sobald ihn seine Entdeckungen und seine quasi-politischen Ziele nicht vollauf in Anspruch nahmen, war er unglücklich. Er konnte gütig und humorvoll sein, sofern er sich nicht angegriffen oder herausgefordert fühlte. In einer entscheidenden Beziehung, die er scharfsichtig erkannte, war er eine tragische Figur: Er wollte den Menschen das gelobte Land der Vernunft und Harmonie zeigen, aber er konnte es nur aus der Ferne erkennen, er wußte, daß er nie dorthin gelangen würde, und seit dem Abfall seines Josua alias Jung spürte er offenbar, daß auch die, die bei ihm blieben, das gelobte Land nicht betreten würden. Als einer der Großen des Menschengeschlechts und als einer ihrer Wegbereiter, starb er in tiefer Enttäuschung. Und dennoch taten Krankheit, Niederlage und Enttäuschung seinem Stolz keinen Abbruch.

Für Menschen, die unabhängiger als seine treuen Anhänger waren, muß es schwer gewesen sein, mit Freud auszukommen oder ihn zu mögen. Aber seine Gaben, seine Ehrlichkeit, sein Mut und die Tragik seines Lebens erfüllen uns nicht nur mit Achtung und Bewunderung, sondern auch mit Liebe und Mitgefühl für einen wahrhaft großen Menschen.

Ruth Nanda Anshen

Was die »Weltperspektiven« wollen

Dieses Buch ist ein Band der »Weltperspektiven«, die sich die
Aufgabe stellen, kurze Schriften der verantwortlichen zeitge-
nössischen Denker auf verschiedenen Gebieten herauszuge-
ben. Die Absicht ist, grundlegende neue Richtungen in der modernen Zivilisation aufzuzeigen, die schöpferischen Kräfte zu
deuten, die im Osten wie im Westen am Werke sind, und das
neue Bewußtsein deutlich zu machen, das zu einem tieferen
Verständnis der Wechselbeziehung zwischen Mensch und Universum, Individuum und Gesellschaft sowie der allen Völkern
gemeinsamen Werte beitragen kann. Die »Weltperspektiven«
repräsentieren die Weltgemeinschaft der Ideen in einem universalen Gespräch, wobei sie das Prinzip der Einheit der
Menschheit betonen, der Beständigkeit in der Wandlung.

Neue Entdeckungen in vielen Bereichen des Wissens haben
unvermutete Aussichten eröffnet für ein tieferes Verständnis
der menschlichen Situation und für eine richtige Würdigung
menschlicher Werte und Bestrebungen. Diese Aussichten, obwohl das Ergebnis nur spezialisierter Studien auf begrenzten
Gebieten, erfordern zu ihrer Analyse und Synthese einen
neuen Rahmen, in dem sie erforscht, bereichert und in all ihren
Aspekten zum Wohle des Menschen und der Gesellschaft gefördert werden können. Solch einen Rahmen zu bestimmen,
sind die »Weltperspektiven« bemüht, in der Hoffnung, zu einer Lehre vom Menschen zu führen.

Eine Absicht dieser Reihe ist auch der Versuch, ein Grund-
übel der Menschheit zu überwinden, nämlich die Folgen der
Atomisierung der Wissenschaft, die durch das überwältigende
Anwachsen der Fakten entstanden ist, die die Wissenschaft
ans Licht brachte; ferner: Ideen durch eine Befruchtung der
Geister zu klären und zu verbinden, von verschiedenen Gesichtspunkten aus die gegenseitige Abhängigkeit von Gedan-

ken, Fakten und Werten in ihrer beständigen Wechselwirkung zu zeigen; die Art, Verwandtschaft, Logik und Bewegung des gesamten Organismus der Wirklichkeit zu demonstrieren, indem sie den dauernden Zusammenhang der Prozesse des Menschengeistes zeigt, und so die innere Synthese und die organische Einheit des Lebens selbst zu enthüllen.

Die »Weltperspektiven« sind überzeugt, daß trotz Unterschieden und Streitfragen in den hier dargestellten Disziplinen eine starke Übereinstimmung der Autoren besteht hinsichtlich der überwältigenden Notwendigkeit, die Fülle zwingender wissenschaftlicher Ergebnisse und der Untersuchungen objektiver Phänomene von der Physik bis zur Metaphysik, Geschichte und Biologie zu sinnvoller Erfahrung zu verbinden.

Um dieses Gleichgewicht zu schaffen, ist es notwendig, die grundlegende Tatsache ins Bewußtsein zu rufen, daß letztlich die individuelle menschliche Persönlichkeit all die losen Fäden zu einem organischen Ganzen verknüpfen und sich zu sich selbst, der Menschheit und Gesellschaft in Beziehung setzen muß, während sie ihre Gemeinschaft mit dem Universum vertieft und steigert. Diesen Geist zu verankern und ihn dem intellektuellen und spirituellen Leben der Menschheit, Denkenden wie Handelnden gleicherweise, tief einzuprägen, ist tatsächlich eine große, wichtige Aufgabe und kann weder gänzlich der Naturwissenschaft noch der Religion überlassen werden. Denn wir stehen der unabweisbaren Notwendigkeit gegenüber, ein Prinzip der Unterscheidung und dennoch Verwandtschaft zu entdecken, das klar genug ist, um Naturwissenschaft, Philosophie und jede andere Kenntnis zu rechtfertigen und zu läutern, indem es ihre gegenseitige Abhängigkeit annimmt. Dies ist die Krisis im Bewußtsein, die durch die Krisis der Wissenschaft deutlich wird. Dies ist das neue Erwachen.

Die »Weltperspektiven« wollen beweisen, daß grundlegendes theoretisches Wissen mit dem dynamischen Inhalt der Ganzheit des Lebens verbunden ist. Sie sind der neuen Synthese gewidmet, die Erkenntnis und Intuition zugleich ist. Sie befassen sich mit der Erneuerung der Wissenschaft im Hinblick auf die Natur des Menschen und sein Verständnis, eine Aufgabe für die synthetische Imagination und ihre einigenden

Was die »Weltperspektiven« wollen

Ausblicke. Diese Situation des Menschen ist neu, und darum muß auch seine Antwort darauf neu sein. Denn die Natur des Menschen ist auf vielen Wegen erkennbar, und all diese Pfade der Erkenntnis sind zu verknüpfen, und manche sind miteinander verknüpft wie ein großes Netz, ein großes Netz zwischen Menschen, zwischen Ideen, zwischen Systemen der Erkenntnis, eine Art rational gedachter Struktur, die menschliche Kultur und Gesellschaft bedeutet.

Wissenschaft, das wird in dieser Bücherreihe gezeigt, besteht nicht mehr darin, Mensch und Natur als gegensätzliche Mächte zu behandeln, auch nicht in der Reduzierung von Tatsachen auf eine statistische Ordnung, sondern sie ist ein Mittel, die Menschheit von der destruktiven Gewalt der Furcht zu befreien und ihr den Weg zum Ziel der Rehabilitierung des menschlichen Willens, der Wiedergeburt des Glaubens und Vertrauens zu weisen. Diese Bücherreihe will auch klarmachen, daß der Schrei nach Vorbildern, Systemen und Autoritäten weniger dringlich wird in dem Maße, wie im Osten und Westen der Wunsch nach Wiederherstellung einer Würde, Lauterkeit und Selbstverwirklichung stärker wird, die unveräußerliche Rechte des Menschen sind. Denn er ist keine Tabula rasa, der durch äußere Umstände alles willkürlich aufgeprägt werden kann, sondern er besitzt die einzigartige Möglichkeit der freien Schöpferkraft. Dadurch unterscheidet sich der Mensch von den anderen Formen des Lebens, daß er im Lichte rationaler Erfahrung mit bewußter Zielsetzung Wandel schaffen kann.

Die »Weltperspektiven« planen, Einblick in die Bedeutung des Menschen zu gewinnen, der nicht nur durch die Geschichte bestimmt wird, sondern selbst die Geschichte bestimmt. Geschichte soll dabei so verstanden werden, daß sie sich nicht nur mit dem Leben des Menschen auf diesem Planeten beschäftigt, sondern auch die kosmischen Einflüsse umfaßt, die unsere Menschenwelt durchdringen. Die jetzige Generation entdeckt, daß die Geschichte nicht den sozialen Optimismus der modernen Zivilisation bestätigt und daß die Organisation menschlicher Gemeinschaften und die Setzung von Freiheit, Gerechtigkeit und Frieden nicht nur intellektuelle Taten, sondern auch geistige und moralische Werke sind. Sie verlangen die Pflege der Ganzheit menschlicher Persönlichkeit, die »spontane Ganzheit von Fühlen und Denken«, und stellen eine unaufhörliche Forderung an den Menschen, der aus dem Abgrund von Sinnlosigkeit und Leiden emporsteigt, um in der Ganzheit seines Daseins erneuert und vollendet zu werden.

Die Autoren der »Weltperspektiven« sind sich dessen bewußt, daß allen großen Wandlungen eine lebendige geistige Neubewertung und Reorganisation vorangeht. Sie wissen, daß man die Sünde der Hybris vermeiden kann, indem man zeigt, daß der schöpferische Prozeß selbst nicht frei ist, wenn wir unter frei willkürlich oder unverbunden mit dem kosmischen Gesetz verstehen. Denn der schöpferische Prozeß im Menschengeist, der Entwicklungsprozeß in der organischen Natur und die Grundgesetze im anorganischen Bereich sind vielleicht nur verschiedene Ausdrücke eines universalen Formungsprozesses. So hoffen die »Weltperspektiven« auch zu zeigen, daß in der gegenwärtigen apokalyptischen Periode, obwohl voll von außerordentlichen Spannungen, doch auch eine ungewöhnliche Bewegung zu einer kompensierenden Einheit hin am Werke ist, welche die sittliche Urkraft nicht stören kann, die das Universum durchdringt, diese Kraft, auf die sich jede menschliche Anstrengung schließlich stützen muß. Auf diesem Wege gelangen wir vielleicht zum Verständnis dafür, daß eine Unabhängigkeit geistigen Wachstums existiert, die wohl durch Umstände bedingt, doch niemals von den Umständen bestimmt wird. Auf diese Art mag der große Überfluß menschlichen Wissens in Wechselbeziehung gebracht werden zur Einsicht in das Wesen der menschlichen Natur, indem man ihn auf den tiefen und vollen Klang menschlicher Gedanken und Erfahrungen abstimmt. Denn was uns fehlt, ist nicht das Wissen um die Struktur des Universums, sondern das Bewußtsein von der qualitativen Einzigartigkeit menschlichen Lebens.

Und endlich ist das Thema dieser »Weltperspektiven«, daß der Mensch im Begriff ist, ein neues Bewußtsein zu entwickeln, das trotz scheinbarer geistiger und moralischer Knechtschaft das Menschengeschlecht vielleicht über die Furcht, die Unwissenheit, die Brutalität und die Isolierung erheben kann,

Was die »Weltperspektiven« wollen

die es heute bedrücken. Diesem entstehenden Bewußtsein, diesem Begriff des Menschen, aus einer neuen Sicht der Wirklichkeit geboren, sind die »Weltperspektiven« gewidmet.

Literaturverzeichnis

Binswanger, L., 1956: *Erinnerungen an Sigmund Freud,* Bern 1956 (Francke).

Ferenczi, S., 1939: *Bausteine zur Psychoanalyse,* Band 3: Arbeiten aus den Jahren 1908-1933, Bern 1939 (Huber).

Ferenczi, S., 1970/1972: *Schriften zur Psychoanalyse,* 2 Bände, herausgegeben von Michael Balint, Frankfurt 1970/1972 (S. Fischer Verlag).

Forest, I. de, 1954: *The Leaven of Love,* New York 1954 (Harper u. Brothers).

Freud, S.: *Gesammelte Werke* (G.W.), Bände 1-17, London 1940-1952 (Imago Publishing Co.) und Frankfurt 1960 (S. Fischer Verlag);
- 1900a: *Die Traumdeutung,* G.W. Band 2 und 3;
- 1901b: *Zur Psychopathologie des Alltagslebens,* G.W. Band 4, S. 5-310;
- 1908d: *Die »kulturelle« Sexualmoral und die moderne Nervosität,* G.W. Band 7, S. 141-167;
- 1912-13: *Totem und Tabu. Einige Übereinstimmungen im Seelenleben der Wilden und der Neurotiker,* G.W. Band 9;
- 1913c: *Zur Einleitung der Behandlung. Weitere Ratschläge zur Technik der Psychoanalyse I,* G.W. Band 8, S. 453-478;
- 1914b: *Der Moses des Michelangelo,* G.W. Band 10, S. 171-201;
- 1914d: *Zur Geschichte der psychoanalytischen Bewegung,* G.W. Band 10, S. 43-113;
- 1917b: *Eine Kindheitserinnerung aus Dichtung und Wahrheit,* G.W. Band 12, S. 13-26;
- 1923b: *Das Ich und das Es,* G.W. Band 13, S. 235-289;
- 1927a: *Nachwort zur »Frage der Laienanalyse«,* G.W. Band 14, S. 287-296;
- 1927c: *Die Zukunft einer Illusion,* G.W. Band 14, S. 323-380;
- 1930a: *Das Unbehagen in der Kultur,* G.W. Band 14, S. 419-506;
- 1933a: *Neue Folge der Vorlesungen zur Einführung in die Psychoanalyse,* G.W. Band 15;
- 1933b: *Warum Krieg?,* G.W. Band 16, S. 11-27;
- 1939a: *Der Mann Moses und die monotheistische Religion,* G.W. Band 16, S. 101-246;

118

– 1950: *Aus den Anfängen der Psychoanalyse*, London 1950 (Imago Publishing Co.);
– 1960: *Briefe 1873-1939*, ausgewählt und herausgegeben von Ernst L. Freud, Frankfurt 1960 (S. Fischer).

Fromm, E., 1955a: *The Sane Society*, New York 1955 (Rinehart and Winston, Inc.); deutsch: *Der moderne Mensch und seine Zukunft. Eine sozialpsychologische Untersuchung*, Frankfurt/Köln 1960 (Europäische Verlagsanstalt); neu übersetzt unter dem Titel: *Wege aus einer kranken Gesellschaft*, Erich Fromm Gesamtausgabe, Band 4, Stuttgart 1980 (Deutsche Verlags-Anstalt).

Grotjahn, M., 1956: *A Letter of Sigmund Freud with Recollections of His Adolescence*, in: Journal of the American Psychoanalytic Association, New York 4 (1956) p. 644-652.

Huxley, A., 1946: *Brave New World*, London 1946 (The Vanguard Library); deutsch: *Schöne neue Welt*, Frankfurt/Hamburg 1955 (S. Fischer Verlag).

Jones, E., 1957: *The Life and Work of Sigmund Freud*, vol. 1-3, New York 1957 (Basic Books);
– 1960-1962: *Das Leben und Werk von Sigmund Freud*, Band 1-3, Bern/Stuttgart 1960-1962 (Huber-Verlag).

Puner, H.W., 1943: *Freud. His Life and His Mind*, New York 1943 (Grosset and Dunlap).

Sachs, H., 1946: *Freud, Master and Friend*, Cambridge 1946 (Harvard University Press). [Deutsch: August 1982 in Ullstein Materialien]

Simon, E., 1957: *Sigmund Freud, the Jew*, in: Publications of the Leo Baeck Institute, Yearbook II, p. 270ff., London 1957.

Worthis, J., 1954: *Fragment of on Analysis with Freud*, New York 1954 (Simon u. Schuster).

Register

Aberglauben 8 f.
Abhängigkeit 19 f., 23, 47, 61
– Freuds 15–21, 27, 39–41, 47,
  50–52, 56 f., 108
– unbewußte 47, 50
Abraham, Karl 48, 73, 83 f., 94 f.
Adler, Alfred 39, 52, 62, 81, 83
Adler, Viktor 66–68
Affekte
– irrationale 12, 87
– rationale 12
Aggression nach Freud 90–93, 95 f.
Alexander (Bruder Freuds) 94
Ambivalenz 41, 43, 55–57
Angst 56
– vor Armut 20
– vor Hunger 20, 42, 48, 81
– vor Isolierung 101
– vor Trennung 35–37
Anna (Schwester Freuds) 17
Antisemitismus 48, 70
Arbeiterklasse 37
Asra (Oper Carmen) 36
Assoziation 29 f.
Aufklärung 8, 10, 12, 87
Autorität 8, 58
– Freud und – 53–64, 69, 85, 96,
  100

Bachofen, Johann Jakob 19 (Anm.)
Bedürfnis nach Bezogenheit 92
Begabung 18
Berchtold, Leopold 94
Berger, Dr. 65
Bergson, Henri 107
Bernfeld, Suzanne 66–68

Bewegung
– politische 82–85, 100
– psychoanalytische 8 (Anm.), 48,
  69, 76 f., 79–88, 97–100, 103, 105
– religiöse 79, 82, 87, 98, 100
Bewunderung 18, 56
Binswanger, Ludwig 31
Bisexualität 43–46
Bleuler, Eugen 47, 49, 82
Braun, Heinrich 66, 89
Breuer, Josef 33, 39–41, 43, 46 f.,
  51 f., 56
Bürgertum 8, 37 f., 92

Charakter 76, 106
– Freuds 10, 13, 17, 19 f., 41, 51, 82,
  107–110
– und Konstitution 15, 18, 54
Couch 99

Darwin, Charles 77, 107
Darwinismus 77
Daudet, Alphonse 51
Demokratie 96
Denken
– bewußtes 106
– und Gefühl 12
Depression 19, 27, 39, 56, 60, 108
Destruktivität 91 f., 95 f.
Dogma 98 f., 103
Durchschnittsmensch 88, 93, 96,
  109

Ehe von Freud 26–31
Ehrgeiz Freuds 29 f., 53–55, 68,
  100, 108, 110

Register

Eifersucht Freuds 23 f.
Einstein, Albert 95
Eitington, Max 84, 97
Eli (Bruder der Verlobten Freuds) 24
Elite 73, 80, 90, 96 f.
Emanzipation der Frau 24 f.
Empfängnisverhütung 32
Entwicklung der Psychoanalyse
    39, 79–88, 102–105
Erfolg 18, 27, 53 f., 80, 100, 108
Erster Weltkrieg 94 f., 104 f.
Es 87 f.

Ferenczi, Sándor 28, 33, 39, 48 f., 52,
    59–62, 73, 80–87, 99
Fixierung, libidinöse 103
Fließ, Wilhelm 20, 27, 30, 33, 38–47,
    50, 52, 56, 68, 70
Forel, Auguste, 69
Forest, Izette de 61
Frau
– Emanzipation der – 24 f.
– Freud und die – 23, 25–28, 30,
    33, 56
Freud, Sigmund
– Abhängigkeit 15–21, 27, 39–41,
    47, 50–52, 56 f., 108
– Aggression nach – 90–93, 95 f.
– und Autorität 53–64, 69, 85, 96,
    100
– Charakter von – 10, 13, 17, 19 f.
    41, 51, 82, 107–110
– Ehe von – 26–31
– Ehrgeiz von – 29 f., 53–55, 68,
    100, 108, 110
– Eifersucht von – 23 f.
– und die Frau 23, 25–28, 30, 33,
    54
– seine Freundschaften 39–52
– und Führer 65–70, 81–88, 97,
    103
– Ideale von – 82, 86, 88, 96, 110
– als Idol 100 f., 107

– seine Intoleranz 59–63
– und das Judentum 8, 48, 54, 56,
    65, 70, 74, 81, 97
– und Kritik an ihm 53, 60–64
– Kultur nach – 31–36, 90, 95 f.
– seine Libidotheorie 86, 91, 93
– Liebe bei – 10 f., 29 f., 33, 109
– Liebe nach – 23, 27, 34, 59–61,
    92 f., 99
– Mann nach – 24–26
– sein Menschenbild 89–94
– sein Mut 12 f., 55, 71, 108, 110
– Mutterbindung von – 15–21, 27,
    39, 50, 56 f., 108
– Nächstenliebe nach – 33–35,
    92 f.
– seine Ohnmachtsanfälle 49 f.
– und Patriarchat 24–26
– Persönlichkeit von – 7, 10–13,
    37, 57–77, 107–110
– und Politik 65–68, 82, 89, 94–96
– sein Rationalismus 52, 76, 88,
    105–107
– als Rebell 57 f.
– Religion nach – 7, 76, 87, 89 f.,
    97
– Sexualität nach – 33, 40, 45
– Sexualität von – 31–33
– Träume von –, Beispiele 15 f.,
    29 f., 55 f., 71
– und sein Vater 9, 53–57
– Vernunft nach – 7–13, 87–89,
    94–96, 104 f., 107–110
– Wahrheit bei – 7–13, 87, 107 f.
Freude 37, 110
Freundschaften Freuds 39–52
Fromm, Erich 104
Führer und Freud 65–76, 81–88,
    97, 103

Gefühl und Denken 12
Gesellschaft 101–103
– feudale 8

Register 121

Gesellschaftsordnung 58, 93
Gewißheit 11
Gier 103
Giskra, Dr. 65
Gleichheit 26
Glück 27, 31 f.
Goethe, Johann Wolfgang von 37, 68, 109
Groß, Otto 47, 71
Grotjahn, M. 67

Haben oder Sein 37
Hamilkar Barkas 55
Hannibal 55, 65, 69–71, 75, 86
Haß und Liebe 39 f., 52
Helfer, magischer 47
Herbst, Dr. 65
Hitler, Adolf 74, 96, 105
Hitschmann, Eduard 94
homo hominis lupus 90
homo oeconomicus 93
homo sexualis 93
Homosexualität 50
Hunger, Angst vor – 20, 42, 48, 81
Huxley, Aldous 104
Hypnose 39

Ich 87 f., 98
Ich-Ideal 87
Ideale Freuds 82, 86, 88, 96, 110
Ideologie 9 f.
Idol, Freud, als – 100 f., 107
Illusion 7, 89, 95, 107
Integrität 35
Internationale Brüderschaft für Ethik und Kultur 69, 80, 89
Internationale Psychoanalytische Vereinigung 62, 79 f.
Intoleranz Freuds 59–63
Irrationalität 8, 12, 107
Isolierung 13
– Angst vor – 101

Jones, Ernest 11, 16–18, 20, 23, 26–28, 30 f., 33, 40 f., 43 f., 48–51, 54, 62 f., 68 f., 71–73, 75 f., 79–84, 86 f., 94 f., 100
Josef (Bibel) 56
Josef-Komplex 56
Josua 47, 72, 110
Joyce, James 107
Judentum und Freud 8, 48, 54, 56, 65, 70, 74, 81, 97
Julius (Bruder Freuds) 17, 50
Jung, Carl Gustav 33, 39, 46–52, 56, 62, 69, 71, 73, 75, 80–83, 86, 110
– Unbewußtes nach – 52

Kant, Immanuel 8, 63, 107
Kapitalismus 93, 104
Kirche, katholische 70 f.
Kierkegaard, Sören 107
Knapp 69
Koller, Karl 30
Kolumbus 65
Komitee, geheimes 83 f.
Konstitution und Charakter 15, 18, 54
Konsum, Sexualität als – 104 f.
Kritik, Freud gegenüber – 53, 60–64
Kultur
– nach Freud 31–36, 90, 95 f.
– und Sexualität 31 f., 96
– und Triebverzicht 90, 96

Lassalle, Ferdinand 62
Lebenstrieb 98
Leid 37
Libidotheorie Freuds 86, 91, 93
Liebe
– bedingungslose 19–21
– erotische 33, 60
– bei Freud 10 f., 29 f., 33, 109
– nach Freud 23, 27, 34, 59–61, 92 f., 99

Register

Liebe
– und Haß 39 f., 52
Lustprinzip 10, 37, 91

Mann nach Freud 24–26
Martha (Verlobte Freuds) 23 f.
Marx, Karl 13, 77, 88, 107
Masséna, André 65, 86
Matriarchat 19 (Anm.)
Mayer, Max 23
Meinung, öffentliche 9, 13, 57
Menschenbild Freuds 89–94
Menschenverstand, gesunder 8, 13, 17 (Anm.)
Methode, psychoanalytische 72, 76, 86
Meynert 55
Michelangelo 72–74
Mill, John Stuart 24 f., 89
Mittelstand 97, 102–104
Monotheismus 74, 107
Moses 47, 56, 63, 69, 71–76, 86, 88
Motivation, unbewußte 102
Mut von Freud 12 f., 55, 71, 108, 110
Mutterbindung Freuds 15–21, 27, 39, 50, 56 f., 108
Mutterliebe 18–21, 26
Mutterschoß 19
Mystik, nicht-theistische 107
Mythos 106

Nächstenliebe nach Freud 33–35, 92 f.
Napoleon 65, 71, 75
Narzißmus 92
Nationalismus 76
Nationalökonomie 93
Naturwissenschaft 107
Nazismus 105
Neugierde 11
Neurose 42, 46, 76, 86, 93, 104
Nietzsche, Friedrich 107

Ödipuskomplex 19, 56
Ohnmachtsanfälle Freuds 49 f.

Patriarchat und Freud 24–26
Paulus 81
Persönlichkeit von Freud 7, 10–13, 37, 57, 77, 107–110
Pfister, Otto 82
Philipp (Halbbruder Freuds) 11
Picasso, Pablo 107
Politik, Freud und – 65–68, 82, 89, 94–96
Privateigentum 91
Protestantismus 87
Psychoanalyse 40, 48 f., 52, 76, 86–88
– Entwicklung der – 39, 79–88, 102–105
– orthodoxe 40 f., 54, 85, 94, 98 f., 102
– Radikalismus der – 101–103
– als Religion 79, 82, 87, 98, 100, 103, 106
– als Wissenschaft 86–88, 97
Puner, Helen Walker 8 (Anm.), 56

Radikalismus der Psychoanalyse 101–103
Rank, Otto 39, 52, 83 f.
Rationalisierung 8, 13, 28 f., 32 f., 45 f., 71, 104, 107
Rationalismus von Freud 52, 76, 88, 105–107
Rebell, Freud als – 57 f.
Reisen 21, 28
Religion 106
– nach Freud 7, 76, 87, 89 f., 97
– Psychoanalyse als – 79, 82, 87, 98, 100, 103–106
– der Vernunft 87
Revolutionär 57, 76
Riechetti, Dr. 50
Riklin 49

Register

Rivale, Vater als – 57
Rousseau, Jean-Jacques 8

Sachs, Hanns 33, 59, 63 f., 84
Schmerz 37
Selbstanalyse 29
Selbstgenügsamkeit 91, 110
Selbstvertrauen 18 f., 53 f., 108
Sexualität
– nach Freud 33, 40, 45
– von Freud 31–33
– als Konsum 104 f.
– und Kultur 31 f., 96
Simon, Ernst 8 (Anm.), 18, 68
 (Anm.), 74 (Anm.)
Solidarität 37 f.
Sozialismus 66–68, 88 f., 93
– utopischer 88
Spinoza, Baruch de 8, 12, 63, 87, 107
Spontaneität 98
Stalinismus 103
Stekel, Wilhelm 48, 52, 81, 83
Stolz 39, 41, 55, 75, 110
– männlicher 26
Strebungen, libidinöse 88, 101
Sublimierung 35 f., 88, 90
Symbiose 47
Symptom 88, 106
– neurotisches 12, 39, 76
– psychosomatisches 50

Technik der Therapie, psychoana-
 lytische 59–61, 99 f.
Therapie, psychoanalytische 76
– Technik der – 59–61, 99 f.
Todestrieb 95, 98
Traum von Freud, Beispiele 15 f.,
 29 f., 55 f., 71
Traumdeutung 15 f., 29 f., 63, 68,
 86, 106

Trennungsangst 35–37
Triebverzicht 104
– und Kultur 90, 96

Über-Ich 25, 95
Übertragung 86, 99, 103
Unabhängigkeit (s. a. Abhängig-
 keit) 39, 41, 57, 109
Unbewußtes 86, 101 f., 106
– nach Jung 52
Unger, Dr. 65
Unsicherheit 20

Vater
– von Freud 9, 53–57
– als Rivale 57
Verarmungsangst 20
Verdrängung 46, 86, 88, 93,
 100–102
Vergil 68
Vernunft 13
– nach Freud 7–13, 87–89, 94–96,
 104 f., 107–110
– Religion der – 87
Voltaire 8
Vorurteil 24–26, 33

Wahnsinn 101, 107
Wahrheit bei Freud 7–13, 87, 107 f.
Wärme, emotionale 10, 60
Wettbewerb 90 f.
Widerstand 86
Wilhelm der Eroberer 75
Wissenschaft, Psychoanalyse als –
 86–88, 97
Worthis, J., 26

Zionismus 97
Zweig, Arnold 62
Zweiter Weltkrieg 105

Erich Fromm

Psychoanalyse und Ethik

Ullstein Materialien 35038

Kein Buch, das sich nur an den Fachwissenschaftler oder an den Studierenden wendet. Es führt jeden zur Selbstbesinnung, der seinen eigenen Charakter und seine guten und schöpferischen Eigenschaften erkennen und ernsthaft durchdenken will.

Ullstein Materialien

Erich Fromm

Die Seele des Menschen

Ihre Fähigkeit zum Guten und zum Bösen

Ullstein Buch 35076

Aus der Sorge, sagt Erich Fromm, daß das Phänomen der Gleichgültigkeit dem Leben gegenüber in einer immer stärker mechanisierten Industriewelt überhandnehme und dies dazu führen könne, daß wir dem Leben mit Angst, wenn nicht gar mit Haß gegenüberstehen, habe er dieses Buch geschrieben.

Ullstein Materialien

Dörte von Drigalski

Blumen auf Granit

Eine Irr- und Lehrfahrt durch die deutsche Psychoanalyse

Ullstein Buch 35036

Wird die Psychoanalyse zu einer Gefahr für die seelische Gesundheit werden?
Die Autorin – Ärztin und Psychotherapeutin – gibt hier einen Bericht über ihre Psychoanalyse, die von Lehranalytikern der Deutschen Psychoanalytischen Vereinigung durchgeführt wurde, und wirft die provokante Frage nach Therapieschäden auf.

Ullstein Materialien

Erich Fromm

Die Kunst des Liebens

Ullstein Buch 35258

Wir Menschen sind meistens nicht imstande, unsere Fähigkeit zum Lieben zu entwickeln: zu einer Liebe, die Reife, Selbsterkenntnis und Mut umfaßt.
Erich Fromm diskutiert in diesem Buch die Liebe in all ihren Aspekten, nicht nur die romantische – von so vielen falschen Vorstellungen umgebene Liebe – sondern auch die Elternliebe, Nächstenliebe, erotische Liebe, Selbstliebe und die Liebe zu Gott.

Ullstein Materialien

Smiley Blanton

Tagebuch meiner Analyse bei Sigmund Freud

Ullstein Buch 3205

Smiley Blanton, amerikanischer Psychiater und Psychoanalytiker, gibt detailliert seine Erinnerungen an eine Analyse bei Freud wieder. Die authentischen, bislang unbekannten Bemerkungen und Aussagen Freuds sind von verschiedenen Gesichtspunkten aus sehr bemerkenswert. Sie berühren wichtige Aspekte der Theorie und Praxis der Psychoanalyse und geben Aufschluß über die besondere Behandlungsweise Freuds gegen Ende seines Lebens.

Ullstein Materialien